M型社会

[日] 大前研一 著
刘锦秀 江裕真 译

ロウアー
ミドル
の衝撃

中信出版集团 · CHINACITICPRESS · 北京

图书在版编目（CIP）数据

M 型社会 /（日）大前研一著；刘锦秀，江裕真译 . — 3 版 . —北京：中信出版社，2015.7（2024.11重印）
（全球管理大师大前研一经典系列）
书名原文：ロウアーミドルの衝撃
ISBN 978-7-5086-5147-7
I. ① M… II. ①大… ②刘… ③江… III. ①阶层 – 研究 – 日本 – 现代 IV. ① D731.361
中国版本图书馆 CIP 数据核字（2015）第 087642 号

M 型社会

著　　者：[日] 大前研一
译　　者：刘锦秀　江裕真
策划推广：中信出版社（China CITIC Press）
出版发行：中信出版集团股份有限公司
（北京市朝阳区东三环北路 27 号嘉铭中心　邮编　100020）
（CITIC Publishing Group）
承 印 者：嘉业印刷（天津）有限公司

开　　本：880mm × 1230mm　1/32　　印　　张：9　　字　　数：118 千字
版　　次：2015 年 7 月第 3 版　　印　　次：2024 年 11 月第 17次印刷
京权图字：01–2007–0823
书　　号：ISBN 978-7-5086-5147-7
定　　价：59.80 元

目录

前言

中低阶层的冲击

2006 年是决定日本未来 20 年是否可以改变的最重要的一年。

绝大多数人可能都没发现，因为日本晚一步赶上 1985 年开始的“新经济”浪潮，所以一进入 20 世纪 90 年代，经济即陷入长期衰退。日本到底是朝着继续衰退的道路前进还是走向“新的繁荣大道”？

转折点就在 2006 年。

泡沫经济破灭以来，有好长一段时间，“不景气”成了大家的口头禅，进入2005年之后，这句话才终于被“经济真的恢复了”“看好经济”的说法所取代。但是这些讨论都只流于表面，未深入问题的本质，因为大家都没有看到在此期间，日本所发生的重大结构性变化。

在新经济条件下，20世纪既有的经济模式几乎都不管用了。最好的证据就是政府以增加财政开支、持续零利率、增加货币供给量作为调控对策，可是经济一点都不见增长。换句话说，当前经济的低迷不是不景气，而是长期衰退，通常被认为是经济恶化元凶的“通货紧缩”，其实只不过是伴随经济无国界化、经济全球化所产生的“价格正常化”的产物，而非真正的通货紧缩。

2005年日本经济之所以好转，分析其原因，大半都与和中国相关的特需产业有关，而企业营收的增长更是不折不扣的裁员效果。

在这期间日本所发生的变化，其本质是收入阶层已经在经济长期衰退中两极分化，社会由原来的中产阶级社会转变为“M型社会”了。也就是说，在人口分布上，中低收入阶层及高收入阶层变成了两个人数众多的社会阶层。伴随着20世纪90年代后期开始出现的收入减少，我们所知道的“中产阶级社会”（生活水平属于中等程度的国民占人口的绝大多数）崩溃了，年收入在600万日元以下的中低阶层已经占了日本总人口的八成。

这种结构上的变化，对我们来说具有重大的意义。

第二次世界大战后，日本高速发展，向着构建中产阶级社会之路迈进。在日本，一个人进入公司时起薪虽然不高，但是公司会定期给予其升职及加薪，一路走下去，在退休时就可以处于中上阶层。在很长的一段时间里，这种形态的职场生命周期对日本人来说是“合情合理的常识”。当然，企业的市场战略也都以中产阶级为目标，配合大家的职场生命周期而展开。但是当这种“合情合理的常识”崩溃之后，许多人开始感受到“做得不好，或许会在中低阶层终了一生”。

这种意识上的变化，不但冲击到企业的市场战略、个人的生活，甚至对一个国家应有的理想状态也影响深远。

例如，中低阶层的增多对市场造成的影响，从零售业的盛衰便可一目了然。为了应对结构变化，企业被迫从根本上重新思考战略。个人也是如此，处在年收入持续减少的时代里，如果无法完全舍弃关于中产阶级的“常识”（无法抛开对中产阶级的执着认知），生活将会格外艰难。

在这种情况下，应该做出最大变革的就是政府所施行的政策。国家之所以会陷入长期衰退，最大的原因是政府弄错了应对策略。政府只认识旧形态的经济，把不具实际效用的财政支出当成了提升经济的对策。结果，把中央与地方的债务、财政融资资金等加起来，政府发行了超过 1 000 万亿日元的公债。

老龄化也让社会负担激增，使日本变成了“高负担社会”。这是 2005—2006 年的情形。

此外，在少子老龄化[①]的趋势之下，2005 年日本的出生人口及死亡人数双双下滑，让日本成了世界上前所未有的真正的人口锐减社会。

本书首先在序章中点出日本现在所面临的本质上的问题，然后汇总了中低阶层社会所思考的各种观点。第一章俯瞰日本的结构变化；第二章以后，依照企业、个人和政府的顺序，提出了如何应对这一结构变化的具体方法。

针对企业，我以“憧憬自由之丘”[②]为关键词，提示大家要

① 少子老龄化指人口出生率下降，而随着人口平均寿命的延长，老龄人口不断增加。——编者注

② 自由之丘是日本东京的高级住宅区，住在那里的人多来自富裕人家，高级商店更是鳞次栉比。大前研一延伸了自由之丘的含义，自创这个名词，意思是“以低廉的价格，购买如同自由之丘所贩卖的高级商品”。——译者注

以中低阶层时代的市场战略为重心。

至于个人，则应舍弃对中产阶级生活的幻想，即使处在中低阶层也应该思考如何让自己的生活更充裕。另外，我还会阐述职场生命周期的经营管理，敦促大家追求生活上“质的变化”。

此外，针对政府应该采取的政策，我会指出更具体的改革方向，让日本摆脱长期的衰退，构建“新的繁荣”。如果站在以往的价值标准延长线上思考我所提出的这些建议，或许大家会认为这些改革是不可能的。但是为了促进经济繁荣，使全体国民生活幸福，这些全是必须进行的改革。

对于日本中低阶层的收入，以世界标准来评判的话，还算得上中上阶层，但是这样的收入却无法让大多数的日本人过得富足。所以我在本书中所提出的改革，旨在促进中低阶层生活的“质的变化”。

如果日本无法完成我所提出的“质的变化”，就无法在少子老龄化趋势及高负担社会双双来临之后摆脱长期衰退，至少在今后的20年里还会持续衰落！日本能否踏上“新的繁荣大道”，现在是最后的机会了。

序章

面对现实，看清未来

伴随着日本的经济衰退，日本的中产阶级社会全面崩溃，日本社会转变为 M 型社会——国民收入两极化，80% 的国民沦为中低阶层的时代已然到来。

改革的政治戏码

在进入正题之前，我想先以日本为例，谈谈日本所发生的现象和隐藏在现象里的本质，因为这一本质就是本书内容的重点。

小泉改革是一出壮观的政治戏剧，但是一般百姓，包括消费者、就业者，在观赏这出戏时却越看越扫兴。为什么？因为天才政治家小泉纯一郎所演的只不过是“捕物帐”①。就像“小泉剧场”②这个名

① 捕物帐是以江户时代为背景，在日本形成并获得发展的侦探小说形式。——译者注

② 小泉剧场的意思是小泉自导自演的政治剧目，原是反小泉阵营批判小泉时提出的名词，但是后来代表小泉支持者对小泉政治手法的肯定。——译者注

词，小泉纯一郎以戏剧方式呈现他的政治手法。因为不管怎么说，舞台上戏剧的主题都是最受大众欢迎的惩恶扬善。

如果道路公团（政府经营的公用事业）不好，就惩罚道路公团[①]；如果桥本派的人马想玩金权政治[②]，就在各重镇埋设“地雷”，让他们踩个痛快。如果上演的改革剧演不下去了，就送出“刺客”（具有高知名度或专业知识背景的人士）加以制裁，并塑造了比历史上赤穗 47 位义士[③]阵容更庞大的 83 位被称为“小泉之子”的“骑士”（新科议员）[④]。后来则致力于杜绝“族议员”[⑤]，并且裁撤政府体系下的金融机构，据说已经铲除了 5% 曾大捞一笔的官员。

能成功推进这一连串“事业”的小泉纯一郎，果然不同

---

① 指小泉撤换道路公团总裁藤井治芳一事。——译者注

② 日本前首相桥本龙太郎因隐瞒日本牙科医师联盟约 90 万美元的政治捐款所涉及的金钱丑闻，被迫辞去派阀领导职务，脱离派阀，并被东京地方裁判所（法院）起诉，追究其刑事责任。——译者注

③ 1703 年 1 月 30 日夜里，47 位赤穗浪人袭击位于江户本所松阪町的吉良上野介义央的宅邸，为主君浅野内匠头长矩报仇。这些人又被称为“赤穗义士”。——编者注

④ 自民党在 2005 年 9 月大选中获得压倒性的胜利，产生了 83 位新科议员，这批议员亲小泉的色彩相当浓厚。——译者注

⑤ 族议员是指精通特定政策领域，并拥有对该领域的影响力，扮演各省厅后援团与利益辩护者角色的议员。——译者注

凡响，他的政治手腕真的无人能出其右。此外，坚持参拜靖国神社的“信念”，也是日本在外交上从未有过的做法。我个人反对参拜靖国神社，以避免激怒中国、韩国。不论是外交还是内政，小泉做法上的问题都在于只看到了“有问题的现象”，所以小泉内阁所采取的治疗方法只不过是“头痛医头，脚痛医脚”。

不堪一击的政治剧

一般来说，看起来不对劲的问题都有其原因，再深究下去，原因中还有真正的原因。那么日本大多数问题的真正原因又是什么呢？我们顺着问题追溯探索，就会发现源头竟然是自江户时代（1603—1867）一直延续下来的中央集权（统治机构）问题，以及《明治宪法》及《昭和宪法》所衍生的各种问题。

日本在明治维新以后，开始将西欧列强的统治机构直接套用于始自江户时代的国家运行模式上。第二次世界大战后，日本将失调、变形的统治机构全部推翻（事实上，大家都深信已全数推翻），以美式宪法为标准重新出发。这么做造成了混乱，那些无法因战败而被消除的明治时代的富国强兵思想、江户时代的国学创意，有时仍会像走马灯一样一幕幕又出现在眼前。

第二次世界大战后，看电视剧、漫画长大的日本国民，因为无法看透“剧情”背后的思想、意图，所以在“小泉剧场”迈入第五个年头时，在对此早已习以为常的情形下，赞成参拜靖国神社的人数超过了 50%。

类似这样的政治剧持续不断地上演，由于长年如此，所以百姓们也就不会动怒要求：“还有更重要的问题啊！快点上演正式剧目吧！”事实上，日本最大的问题就在这里。

大多数百姓都以为“改革的好戏正要登场”，但事实上由五幕戏构成的“小泉剧场”，有四幕已经演完了。这四幕戏都只轻轻“触碰”了一下日本所存在的问题，点到为止。小泉纯一郎明知“这已是正式的演出”，但即便戏已经告一段落了，也仍旧死也不肯告诉观众真相，因为这会让身为观众的全体国民要求他“退钱”！

戏已经接近尾声，但是日本人的生活并没有变得更轻松。政府非但没有培育出优秀的人才（因为教育改革还没有提上日程），而且在序幕中承诺过的财政重整，也如海市蜃楼一般，虚幻而又遥不可及。

小泉所实施的政策并不切合国民的需求，为国民谋福利其实才是政治的本质。换句话说，“小泉剧场”最欠缺的就是“从国民（指消费者与就业者）的角度思考一切改革，进而实现国民的梦想”的政治态度。尽管事实就摆在眼前，却无人疾呼：“喂，主要的剧情是不是‘只要改革，就可以提高生活质量，降低生活成本’啊？”

因为国民也认为“反正这种事也做不到”，所以即使觉得戏剧扫兴、冷场，也还是十分赏脸地观赏着“绕道而行”的小泉政治戏剧，但是距离回过头来怒气冲冲地大骂“根本就是浪费时间”的那个时刻应该不远了。

“打地鼠式”的改革

那么，我们真的只是在浪费时间吗？我并不这么认为。小泉先生最大的功劳，就是证明了“只要有坚强的信念和意志力，即便是顽固保守的战后政治体制也可以破坏”。姑且不论改革内容如何，这就已经是一大进步了。

有人说小泉纯一郎是奇人，有人说小泉纯一郎是怪人。奇人也好，怪人也罢，总之，小泉纯一郎就像是为了要打倒持续 270 年之久的江户幕府而存在的浪人武士一般，他发挥了自己最大的功能。不过，小泉纯一郎及其一派人马所使用的手法，也像浪人们到了新的明治政府时代就无法产生作用一样，在新的日本社会中没有登场的机会。不，我认为不可以给他们登场的机会。

理由很简单，因为不好的制度不管怎么破坏，都不会自己长出好的东西来。

道路公团民营化之后，只是让原本腐朽的组织更为专横跋扈。今天的日本根本不需要道路公团。道路公团只是在没有高速公路、没有金钱的时代，为了"借助收费扩建全国高速公路网"而设的有时限的组织，因此阶段性的任务完成之后就应该解散。把道路公团民营化，本身就是一个错误的政策。

关于邮政三事业（邮政业务、邮政储蓄、简易保险），废止邮政储蓄及简易保险之后，让邮局维持国营或转由民间经营都可以，但就是没有理由让三种事业全部民营化。首先，"民营化稀松平常"这一想法就是个最大的错误。小泉纯一郎也这么认为，可是当他针对"民营化"进行咨询的时候，端出民营化方案的委员会却只是敷衍了事。公务人员的定额裁减在5年之内要达到5%，对民营企业来说，这个数字只是"自然瘦身"。

小泉改革其实就是修正各政府机构所提供劳务或产品不合

逻辑的部分，做法是“修正看得见的地方”，也就是大玩“打地鼠”游戏，并且在“对活跃在某个舞台上的不良官吏加以惩罚”的表象之下，上演着“惩恶扬善”的戏码。这种做法和什么是该做的，本质上完全扯不上关系，所以才会在有一派人士反对“打地鼠”的情况下，邮政民营化变成了一出耗资 770 亿日元的宏伟大戏。

事实上，现今的日本根本没有空闲去为喋喋不休的民营化话题劳民伤财，因为日本政府的债务排名世界第一，人口老龄化的速度也是世界第一，物价虽然稍稍下降，却仍然很高。日本拥有全世界最多的存款，但是这些热钱却不流入市场，原因只有一个，那就是国民不相信政府。

我并不认为这些人都想抱着存款过日子，不过就算他们想用自己的钱享受人生，但是碍于对未来有一份不安，也只好把钱放着以壮胆，好让自己有备无患。而日本政府竟然把国民这些宝贵的金钱集中到几乎零利率的邮政储蓄或定期存款里，然后拼命地滥用这些钱。这种政府真的是可以下台了。

因此，日本政府的当务之急不是修正现象，而是修正原因，必须将病灶连根拔除。

不是修正现象，而是修正原因

“不是修正现象，而是修正原因的时刻来临了！”我第一次说这句话是在20年前的几本书里：《新·国富论》《平成维新》《平成维新PART2》《新·大前研一报告》。在本书中，我则进一步加入了最近所分析的数据，希望全体日本国民产生共识：必须加速“治疗”日本政府。基于这个心愿，我铆足精神提笔完成了这本书。就算有人说“大前是架破鼓”，我也不在乎。因为铁证如山，事实就摆在眼前，政府必须彻头彻尾大翻修，所以我不能假装没看见问题而睁眼说瞎话。

就算政府玩的是“打地鼠”游戏，小泉先生也已经证明，从来不曾有过的大胆改革是可行的，这就是最新的证据。也正因为如此，小泉先生才得以搭建起有国民支持的舞台。既然如此，政府就应该更往前迈一步——写一出从国民观点出发的剧本。

日本如果能积极专心致力于建造“国民主权国家”，“就能提高生活质量，并降低生活成本”，这是我10年来一贯的主张。我想现在的年轻人大概都没有看过我初期的著作吧！我当时认为，“如果在2005年前，日本无法完成一连串的改革，那么迈入老龄化社会的日本将陷入无法自行改革的状况”。进入平成时代（始于 1989 年）之后，日本人把所有的改革都称为“平成维新”。具体而言就是，不只是宪法，而是在各方面都制定符合 21 世纪需求的新法律，让日本成为真正的“国民主权国家”。

和“国民主权”相对立的概念是“提供者的思维逻辑”。战后日本所有的一切都是由提供者的思维逻辑决定的，因为所有的物质都不足，所以这是时代的需求。农林水产省只要能继续填饱国民的肚子就没事。厚生省（卫生署与社会福利局）用的是医生的思考逻辑，文部省（教育部）宣扬教育人员的思考逻辑，只要他们可以提升所提供的服务质量，政府部门也就算尽到了责任。

但是 20 世纪 80 年代末期（昭和时期，1926—1988），这些提供者的思维逻辑很明显并没有真切地让国民感受到生活更充实、更富裕。虽然数字还算亮丽，但是比起先前，国民的生活质量偏低，甚至还停留在发展中国家的水平上。原因是政府重视公共工程等产业基础、社会基础，更甚于国民的生活基础。也就是说提供者的思维逻辑行之过度了。就因为我掌握了这些“会说话的证据”，所以才急切呼吁政府要致力于建设“国民主权国家”的典范。

别自认为是中产阶级

日本提倡“重视国民”始于1993年细川护熙组阁（第79任首相，民主党）的时候。但是这几个字终究只是政治口号，并没有看到有人从政策或立法上去真正地落实。

后来到了“失落的10年”，政府呼吁要“恢复经济”“处理不良债权”，在牺牲国民福祉的“产业再生”宏旨下，执政者鲁莽地拼命向前冲，结果造就了世界上最高的公债。

虽说从个人金融方面来看，日本是世界第一大储蓄国，但是在零利率的政策之下，政府其实是在从储户的户头里拿钱救济银行。公共工程少了财源，相关单位就打着“可以慢慢还钱”的幌子，胡乱核发房屋贷款，骗上班族买房子，让上班族协助政府应对不景气的经济。

结果，上班族的生活如何？土地、房子的价格一滑落，这些肩上扛着贷款的中年上班族随即陷入债务的旋涡。银行公开表示要给予协助，可是又提不出解救这些上班族、使其摆脱噩梦的政策。这就是日本提供者思维逻辑僵化的现状。

最近，上班族因为担心被裁员，任由公司减薪、延长工作时间，备感生活艰辛。

靠着按时计薪、增加合同工、裁员的效果，公司的业绩的确恢复了，但是国民应得的报酬减少了。进入 2005 年以来，日本股价上扬、经济复苏，但是大多数国民，尤其是上班族，却一点实质性的感受都没有。

钱理所当然都集中在退休者（老龄者）那里了。据统计，靠退休金生活的人的可支配收入[①]比上班族还要多，因为他们把“退休金的 30% 都拿去储蓄”了。

“只要埋头工作，就会加薪、升职”是战后架构日本社会的一大前提，可是这个大前提已经完全崩塌了。现在的上班族必须觉悟，一个人薪水的最高峰平均是在他 40 岁左右，过了这个高峰，就鲜有机会升职或加薪。因此现在我们必须要做的，就是制订符合实际状况的人生规划。

就在日本徘徊于经济低迷期的这段时间，中国、印度等国家已悄悄抬头，后起的国家更以低廉工资为武器奋起直追。两相比较之下，很明显，日本人的工资之所以未上涨，不是因为经济不景气，而是因为一上涨就会陷入失业人口增加的恶性循环，这说明日本的经济结构出了问题。

---

① 可支配收入是家庭收入中扣除税金等非消费支出所剩的余额，也就是可以实际消费的金额。——译者注

日本人的中间年龄（在人口结构中，处于最中央位置的人口年龄）为43岁，到2025年时中间年龄将超过50岁。而我找遍了日本所有的学校，就是找不到一所学校有完整的课程，足以培养未来可以活跃于全球化经济、数字化经济时代的人才。

看到这种情形，我想应该没有人会认为日本“再这样对问题置之不理，仍可以繁荣兴盛”吧！

看看现在欣欣向荣的那些国家和地区，它们都不是靠自己的资金来吸引世界的资金、企业、技术和人才的。而全世界取之不尽的金钱就是不流入日本，换句话说，日本靠自己的钱来打造自己的繁荣，这也导致经济后退的恶性循环。

21世纪经济的最大特色，就是民族国家转变成地域国家。已经独立的地域和世界各地域进行各种形态的经济交流以促进繁荣，这是对日本强势而僵化的中央集权制重大的警告。日本以“打地鼠”的方法将政府机关中的冗员削减5%，让政府体系下的金融机构合并为一，但还是无法彻底解决日本的问题，所以日本现在迫切需要直接而郑重地改变统治机构。

因此，我们不仅要为自己做好人生规划，也要向政府提出改革建议。

从自觉到自救

改革，就是舍弃提供者的思维逻辑，转而采用以国民立场为出发点来思考政治制度。因为当权者、提供者（政府各部门等）都不会直接交出自己的权力，所以我必须再度提出自2000年起我就不断呼吁的“平成维新”。

从世界的角度来看，日本人的薪水比较高，也就是说，在世界其他各国眼里，用这种薪水过日子应该可以过得很富足，如果日本无法实现这一点，真是滑天下之大稽。自民党也呼吁改革，但是改革时完全没有把国民的需求列入考量范围，从道路公团、邮政事业的民营化就很容易看出来。小泉改革采用的手法是“捕物帐”“打地鼠”的方法，拼命修正看上去不好的地方，而遗漏了主体——国民。身为在野党的民主党，也因为本身内部有自治团体劳动工会等工会问题，所以只提出了一些含混不清的削减官员的议题。

结果，在这些政治家的主导之下，改革流于吆喝口号，好处是否真的落入了上班族的口袋则不得而知。所以国民应该提高分贝，不客气地要求住宅、教育、车子、饮食、社会福利等费用都应彻底下调。国民不能把改革的议题全权交给政治家，而必须主动提案，争取主动权。

例如税金一事，政府表示调税是为了平衡财政收支，所以只能“增加上班族所要缴的税”，这简直就是莫名其妙。在收入无法增加的时代，税制也应该要归零重新检视。

这本书是为80%的中低阶层及生活在金字塔底部的人所写的，换句话说，这本书是为绝大多数人写的。在本书中，我会告诉中低阶层的朋友必须做些什么，以及必须要求些什么。我在建议大家做人生规划及重新检视个人生活习惯的同时，也提出了从统治机构到税制的重建，以及提高生活质量、降低生活成本的具体方法。

我向政府提出的建议，正是我这20年来集大成的经验所得。

第一章 M型社会来了

在M型社会，日本的社会结构发生了根本性的变化，其原因是多层次、多方面的，究其本质，是因为日本未及时迈入新经济跑道——一个由实体经济、全球化经济、数字经济和倍数经济复杂交织的经济空间。企业经营策略改革、个人生活意识改革，以及政府经济结构改革迫在眉睫。

景气会骗人

“旧模式”的经济理论不管用

虽说社会结构已经发生了戏剧性的变化，但是置身变化旋涡中的大多数人，却完全没有发现这一变化如此之大。我们现在就处于这种状况之下。

当结构产生变化的时候，既往指标无法说明的现象会一个接一个浮出水面。以日本经济状况中的一个现象为例，在“中国特需”产业的支撑下，日本的 GDP（国内生产总值）增长、股价开始上扬，经济看起来好像是好转了，但是通货紧缩的情形并未明显消除，上班族的薪水也持续缩水，大家的生活未见宽裕，反而更加艰苦。

为什么会有这种矛盾的现象？为什么大家感觉得到，却又说不出个所以然来？原因究竟何在？简单来说，就是之前我们常挂在嘴边谈论的经济、社会“常识”，在现今的社会已经开始不管用了。

例如，绝大多数的人认为经济低迷的情况是“不景气”，但事实真的是这样吗？

不景气的概念来自景气循环说。景气循环以各种形态呈现，例如，和库存投资活动周期重叠的短期循环（又称为库存循环）、和设备投资周期重叠的中期循环、和技术革新周期重叠的长期循环等。简单来说，景气循环说就是一种“景气和不景气相互循环”的理论。因此一般人都会认为现在不景气，只要熬过去就会景气，所以借着货币供给量的调整、利率的调整等政策，就可以提早摆脱不景气的阶段，这种看法成了一般的常识。

现在的经济也是根据这一景气循环说而被认为是“泡沫经济崩溃后，进入不景气阶段”。但是事实上，政府努力维持零利率、增加货币供给量，让资金哗哗流动之后，经济依然一点都没有好转。从这个结果所导出的结论就是：“现今经济低迷的状况，根本和景气问题毫无关系。”

还有一点我们必须质疑，就是通货紧缩和景气的问题。根据

《经济用语辞典》的解释，通货紧缩是在“广泛的供给状态下”，因供过于求而造成物价滑落、企业收益减少，导致经济萧条；在货币供给方面，则是货币量少于物品流通量的状态。

现在的情形是，钱哗啦啦地响，货物流通却未见改善。现在是经济体系不吸收金钱的时代了，理由有三：第一，视货物为非必要品的老龄人口增加（人口分布的变化）；第二，既有的生产方式转变为及时的生产方式（库存非必要，企业方面的变化）；第三，对未来感到不安，认为掌握金钱比拥有物质更重要的消费者心理作祟（个人方面的变化）。也就是说，不是以经济学为前提的状况，而是这三方面相互作用的现象，发生在了现在的社会中。

再以世界性的经济动向来看，人们也会进一步明白，20 世纪的经济学“常识”，已经完全不适用于 21 世纪的经济了。

2001 年我在美国出版的《新·资本论》中，明确指出无国界化、全球化、倍数化三个新的要素在操纵经济。现在日本面临的问题，就是这种经济作用所产生的。

现在所发生的通货紧缩现象，就是受第一个新要素——经济无国界化的影响所造成的。经济无国界化之后，资金流、物流可以很简单地越过国境，也就是说，全世界价廉物美的物品会流入原本产品价格很高的地方。所以从历史的观点来看，我们现在所说的通货紧缩，事实上并不是真正的通货紧缩，而只是“物价正常化的过程”。

如果更进一步加以解释，现在消费者物价指数（CPI）的计算依据也有问题。消费者物价指数是根据“购买同等级产品时的价格”（基于与居民生活有关的产品及劳务价格统计出来的物价）来计算的，而数字化、高科技化则很容易变成拉低物价指数的压力。例如，原本30万像素的数码相机改进到500万像素，价格却只有原来的一半，这时指数根基即会大幅松动。因此从物价指数来看的话，数字化也是造成通货紧缩的重要原因之一。

所以究其本质，日本物价滑落的现象并不是通货紧缩。国务大臣竹中平藏先生、美国经济学家保罗·克鲁格曼认为这就是通货紧缩，所以提出“等待经济恢复”“应用通货膨胀目标，把价格标准带入‘合理范围’”。如果他们了解这其实只是经济全球化及数字化所形成的“物价正常化的过程”，他们就应该知道不管怎么等待经济复苏，都无法阻止价格滑落的趋势，同时也应该明白通货膨胀目标论等根本是无稽之谈。

因为通货膨胀目标只会把朝着合理价格流动的潮流带往一个正好相反的方向，所以如果不踩刹车，就会引发非常猛烈的通货膨胀而不可收拾，届时经济将陷入一片混乱。

另外一个本质上的问题是，日本现在手上握有钞票的人大都是老龄者。在少子老龄化的社会里，不管提供多少货币，都不会被经济体系所吸收。如果政府不提出大幅改变现在的《建筑标准法》、税制，以廉价重建无障碍住宅等完善的配套政策，老龄者的储蓄将不会流入市场。之前政府的“景气对策”就是因为疏忽了这一本质，所以把钱投入市场，却见不到任何效果。

经济还在“长期衰退”

针对家庭和景气所做的问卷调查显示，在 20~49 岁的上班族认为“感觉经济不景气的原因”中，排名第一的是“薪水未提升”（见表 1–1）。但是他们认为“因为不景气，所以未调薪”“如果经济好转了，即使闷不吭声也会加薪”的想法，根本就是错误的判断。如今在全世界，还抱着在年功序列（以资历、贡献决定职位的制度）的羽翼下，就算没什么成就也会加薪的幻想，或者将薪水不上调的原因完全推给不景气，抱着“他力本愿”（佛教用语，指凡事靠外力，只想坐享其成）想法的，恐怕只有日本人了吧！

表 1–1　人们感觉经济不景气的原因

20~49 岁的上班族，认为不可能加薪，因为觉得经济不景气。
（只列出排名第一和第二的原因）

年　龄	第一个原因	第二个原因
29 岁以下	薪水未提升	因低利率政策，利息收入减少
30~39 岁	薪水未提升	因低利率政策，利息收入减少
40~49 岁	薪水未提升	因低利率政策，利息收入减少
50~59 岁	因低利率政策，利息收入减少	薪水未提升
60~69 岁	因低利率政策，利息收入减少	股票股息不佳

注：问卷调查对象为财团法人经济情报中心的公司意见调查会会员，有效问卷为 3 696 份。

资料来源：针对家庭和景气所做的问卷调查（经济情报中心）

现在日本社会的经济状况，绝对不是不景气造成的。就因为没有发现这一事实，上班族把薪水没有上调归咎于不景气，经营者也摆出经营者的架子说："现在不景气，你们就暂时忍耐吧！"于是公司职员就抱着"经济应该会好转"的念头，嘴里发着牢骚，回到位子上静静等待。

另外，根据该调查我们也可以知道，大多数人都认为低利率和不景气是相关的。尤其是对 50 岁以上的人而言，低利率是让他们感觉不景气的最大原因，这也直接显示了现代人的错误理解，认为不景气导致了降息，这依据的是从前的经济学理论。现在（2005 年）日本拥有 1 400 万亿日元的个人金融资产，升息会使经济好转，降息只救济了银行及一部分企业，这是提供者的思维逻辑。

只要将利息提高一个百分点，个人部门的收入就可以增加14万亿日元。如果能够维持4%~5%的一般利息水平，一年就有50万亿~70万亿日元的热钱流入市场。这比政府部门所端出的经济对策有效多了。

日本经济之所以会长期低迷，是不了解经济结构变化的落伍学者、政治家，以及只知道以个人部门为工具的官僚所导致的。直到现在还是有政治家企图牵制银行，不许银行调高利息，这就是他们心中没有民众而且不了解经济现状的最有力证据。

如果民众不采取任何行动，只是一味等待，不但加薪无望，连日子也会越过越苦。原因何在？因为进入20世纪90年代以来，日本经济开始进入“长期衰退期”。

指标依据会发生时间滞延的情形，而所有的经济指标，从20世纪90年代初即持续下滑到90年代中期。惨跌的速度最快的就是土地价格和股票。以日本为例，土地价格在1991年降到谷底，商业区的价格指数跌幅为50%，而六大都市圈（东京区、横滨、名古屋、京都、大阪、神户）的跌幅更近于80%（见图1–1）。日经指数在1989年12月达到最高峰，收于38 916点，此后即一路下跌，后来在15 000点到20 000点之间震荡。到2003年4月，创下最低7 609点，之后，虽然有些上升，但是也不过达到收盘价最高时的40%（见图1–2）。

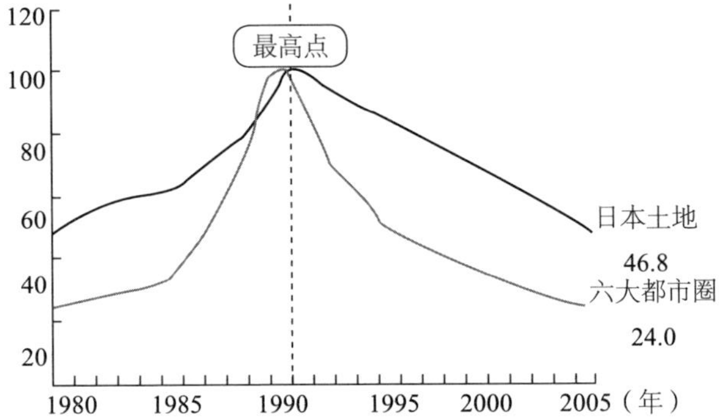

图1–1　日本商业区地价指数的变化

资料来源：日本不动产研究所

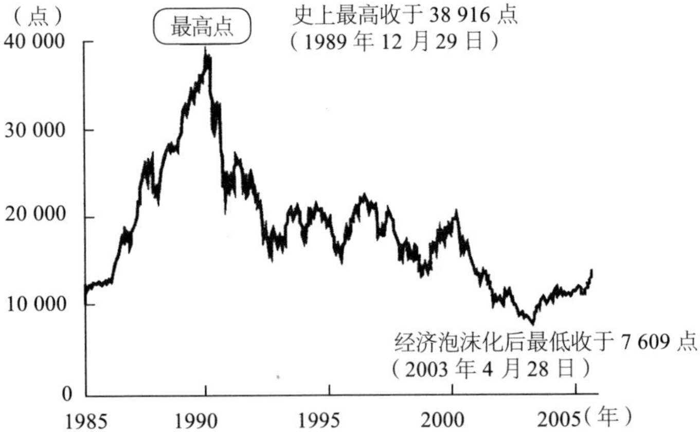

图1–2　日经平均股价的长期变化

另外还有一点值得注意的是，因股票、土地等投机事业而造成变动的，不仅仅只有经济指标，连薪水、可支配收入等攸关国民生活基本面的一些数字也开始下滑。1997 年日本人的平均工资降到最低点，连同劳工的可支配收入也在 1997 年前后降到谷底。

大企业的经常利润①，从 2002 年起连增三年（见图 1–3），因此很多经济学家及评论家想当然地认为“日本经济已经开始

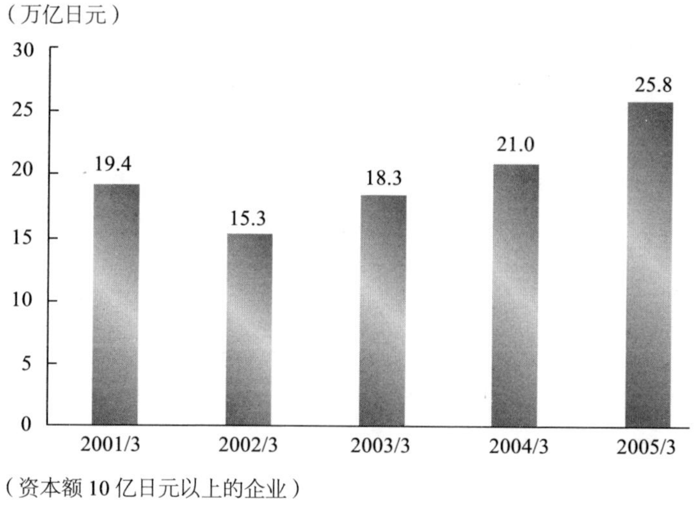

图 1–3　大企业经常利润的变化

资料来源：法人企业统计（日本财务省）

① 经常利润指从包含本业在内的各种持续活动中所获得的利润。——译者注

复苏”。但是2004年，经常利润超过1 000亿日元的60家企业中增长百分比较大的20家企业，如图1–4所示，有18家都是在中国特需产业的影响下才能够大幅成长的。因此增加利润的是“特需”，而非日本经济真的变强了。

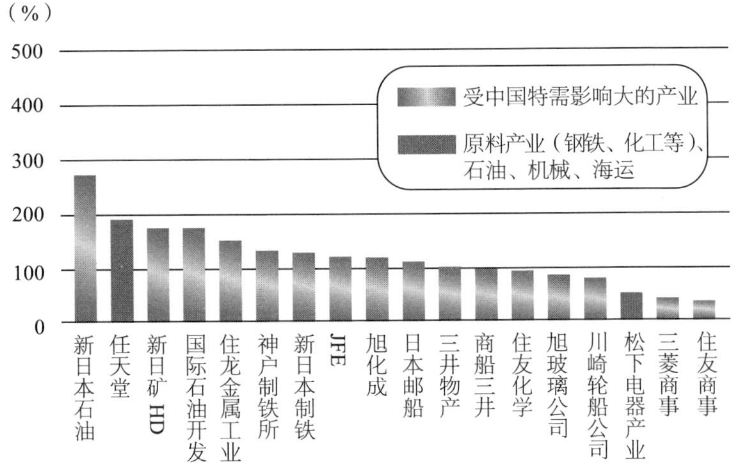

（2005年3月，金融及电力除外）

图1–4　在经常利润超过1 000亿日元的企业中，较前一年增长百分比较大的20家公司

资料来源：摘自上市企业经常利润排行榜

反过来说，除了中国特需产业，利润能够增加的企业少之又少，这说明经济问题真的很严重。经济评论家、各媒体都认为经济复苏已经浮出水面，但是现在真的不是盲目乐观的时候。

欠一屁股债的日本政府

日经指数从 2000 年 4 月起，就在 12 000 点上下震荡，到 2005 年 8 月向上突破，9 月因小泉所率领的自民党在大选中获得压倒性的胜利而超过 13 000 点，11 月更上扬到 15 000 点。

日经指数能够上升的最大因素，是因为以美国资金为主力进行国际分散投资的外国投资家把资金转向了日本。他们把世界分成美国、欧洲、亚洲、新兴市场（如中欧、中南美洲等新兴发展中国家）等数个区域，再把资金依比例投入这些地区。例如，美国市场占所有资金的 50%、欧洲占 20%、亚洲占 20%、新兴市场占 10% 等。这些投资家先设定了投资资金的分配比例，再将资金交由各领域的专家进行投资。

由于印度尼西亚、菲律宾等国家政局不稳，投资家回避东南亚市场，而又因为中国的股票市场有很高的风险，所以他们才不得不把投向亚洲的资金转向日本。另外，美国人对小泉纯一郎“改革”的印象非常好，再加上小泉所属的自民党在选举中表现不错，也吸引了美国资金的投入。

但是，如果日经指数超过了 16 000 点，这些资金的投资标的就会从债券等转为股票，届时国债就有可能暴跌。资金具有流动性（投资家有强烈的追逐利润的取向），这些钱将会逐渐移向日本以外收益率较高的国家。2005 年有 18 万亿日元流向国外，就是因为日元贬值。

另外，从中国经济减速的情况看，支撑日本企业 2/3 收入的中国特需产业是否能够持续，其实是个相当大的问题。因为日本个人投资家的扩大参与，日经指数突破 16 000 点大关并不是不可能。从结构上来说，很难想象日经指数能够突破 16 000 点的关口。不过，假设真的突破了这个关口，我们要面对的就是“股价上涨带动经济复苏”但实际却笑不出来的状况了。

如果日经指数突破 16 000 点大关，个人投资者应该会把资金从银行转到股市，如此一来，股价便会一路上扬。外国投资家会看准这个时机，大卖股票赚取确定可得的利润（个人投资者即成了牺牲者），而这个时机也一定会带动加息或利率的提升，因为这个时候国债的收益率也必须上调。

对日本而言，最糟糕的就是国债暴跌。把国债、地方债、短期债务、财投债（是财政投资贷款财源）做个加总，日本政府在 2004 年的债务超过了 1 000 万亿日元（见图 1–5）。因此支撑这一债务的国债一旦暴跌，日本国家财政就会破产。届时很难说不会发生阿根廷国债在 2001 年年底无法偿付那样的事件，并引发非常严重的通货膨胀，迫使日本政府采取紧急金融措施，封锁存款。

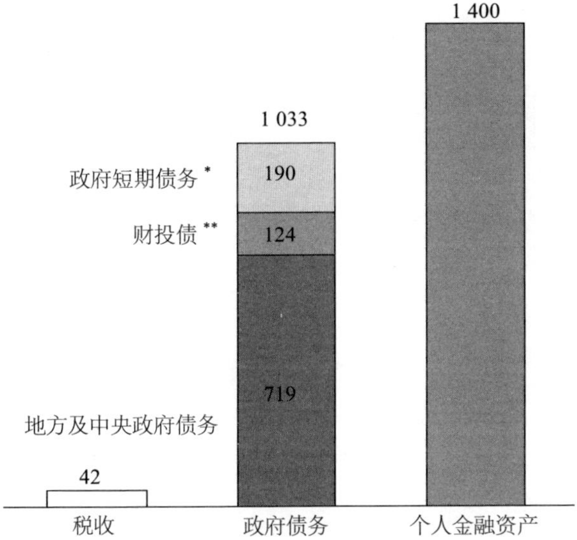

国债、地方债、短期债务及财投债，合计超过了 1 000 万亿日元

（其他还有年金债务约 800 万亿日元）

（单位：万亿日元，2004 年）

* 政府短期债务：政府短期证券、贴现短期国债、财务省借款、存款保险机构借款。

** 财投债：在政府保证下所发行的国债。

图 1–5 日本政府的债务余额

资料来源：日本财务省

从日本税收及财政支出的变化来看，税收自 20 世纪 90 年代初即持续减少。2005 年，日本的税收因为中国特需产业而增加了一些，但是从整体的趋势来看，可以说是“锐减”（见图 1–6）。

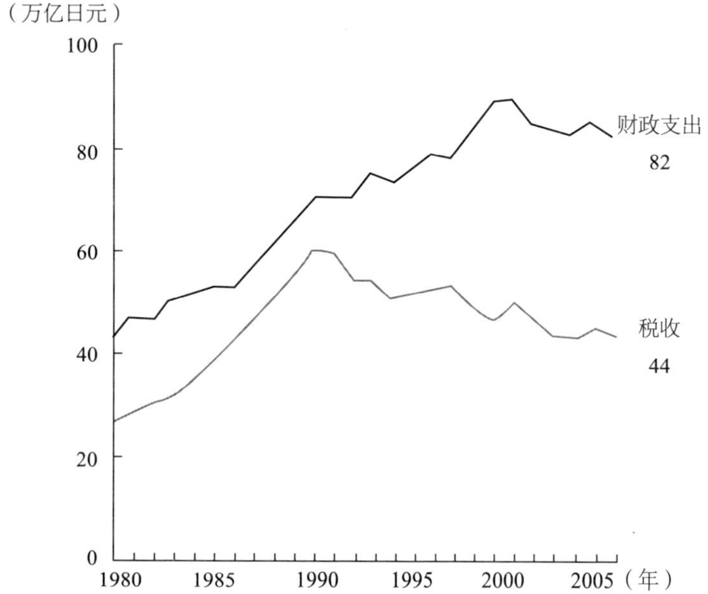

为应对政府的财政支出，税收不足的情况越来越严重。政府增加国债发行量，发行财投债所造成的浪费，不久之后将以增税的形式成为国民的一大负担。

注：至 2004 年的决算基础数值，2005 年年初的预算基础数值。

图 1–6　日本税收和财政支出的变化

资料来源：日本财务省

图 1–6 上所有的指标都显示，日本在 20 世纪 90 年代就已经进入长期衰退期。但是政府却未认清这个事实，把经济的低迷误认为是泡沫经济崩溃，是不景气的问题，于是企图利用发行公债刺激经济，为企业解困，结果造成财政支出的扩大。这

些庞大的债务将来必须由全日本人民买单。

在有能力偿债的生产人口不断减少的现状之下，公共部门债台高筑成了经济不安定的一大重要原因。这是一种“物理现象”，所以不是靠“船到桥头自然直”的国民心理，或者是期待政府大玩借换债[①]魔术的“心理现象”就可以压制的。因此不要再相信“经济会恢复”“不会有问题”之类的谎言，要正视这个物理现象，承认日本进入了长期衰退期。只有找出衰退的原因，并从源头上着手治疗，才能够开辟一条通往繁荣的康庄大道。

这是小泉“打地鼠式”的改革绝对做不到的。

执政者的观念误国

经济陷入长期衰退的根本原因，简单来说，就如同我在《新·资本论》中所说的，是因为太迟转换进入 1985 年即开始的“新经济”跑道了。

这块看不见的新经济大陆，涵盖了四个空间：第一是延续

① 日本在 1967 年正式建立减债制度，成立了偿债基金，并制定了公债 60 年平均还本规定。如果 60 年里并未将公债消化完毕，即由偿还基金再发行 5 年期、7 年期或 10 年期的公债继续摊还债务，此时所发行的公债就称为借换债。——译者注

旧世界的“实体经济”空间；第二是资金流、信息流可以穿越国境自由流通的“全球化经济”空间；第三是由包含互联网在内的各种通信技术所产生的“数字经济”空间；第四则是以自己资金百倍、千倍的倍数资金流动的“倍数经济”空间。在这块看不见的大陆上发生的所有现象，都是由这四个空间交织的复杂关系所产生的。

进入 20 世纪 80 年代之后，日本的地价狂飙、股价强劲上扬，接着即面临泡沫经济崩溃现象，其实这一切全是“新经济”作用的产物。泡沫经济崩溃（事实上这种说法并不正确）后，许多企业都陷入了危机，但是大部分的日本企业还是能够在全球化、数字化之后，一边应对呈现倍数化的资金流动，一边转战世界各地。但是日本执政者的观念却仍然停留在对旧世界的认识上，持续抛出失去准头的政策。结果中央和地方共同制造了 1 000 万亿日元的债务，并让年金（退休金）制度陷入危机。

20 世纪 80 年代后期，我曾在《新·国富论》《平成维新》《新·大前研一报告》等书中反复提出日本应做的改革。在这些书中所提到的愿景及具体的创意，现在看起来不但没有任何跟不上时代的迹象，而且每一项都是必须马上去做的。

如果能够实现这些愿景，日本的经济就不会陷入长期衰退，民众的生活也将更为富裕，当然日本也就可以走上欣欣向荣的大道。在世界经济急剧变化的时候，完全提不出终止长期衰退的对策并让伤口持续扩大，对日本而言无疑是一个重创。想到这一点，我真的觉得非常遗憾。

尽管如此，我还是认为日本尚有最后的机会，但是要活用这个机会的大前提是，必须先认清这20年来所发生的社会结构变化的本质。

中低阶层时代已到来

八成人口中低收入

进入长期衰退之后，日本的社会结构也产生了极大的变化。简单说，就是收入两极化，以及随之而来的中产阶级社会的崩溃。这些变化更为日本社会带来了戏剧性的质的变化。

至20世纪90年代中期，日本人的平均收入都是增加的，但是从1998年起开始转为减少。2003年个人平均收入更下滑至580万日元（根据厚生劳动省在2004年做的国民生活基础调查）。这10年里，每个人的平均收入减少了15%，也就是80

万日元。另外，根据国税厅的调查，服务于私营企业的上班族的平均薪资，从1998年起连续7年下滑，2004年的平均薪资为438.8万日元，比前一年少了约5万日元（见图1–7、图1–8）。

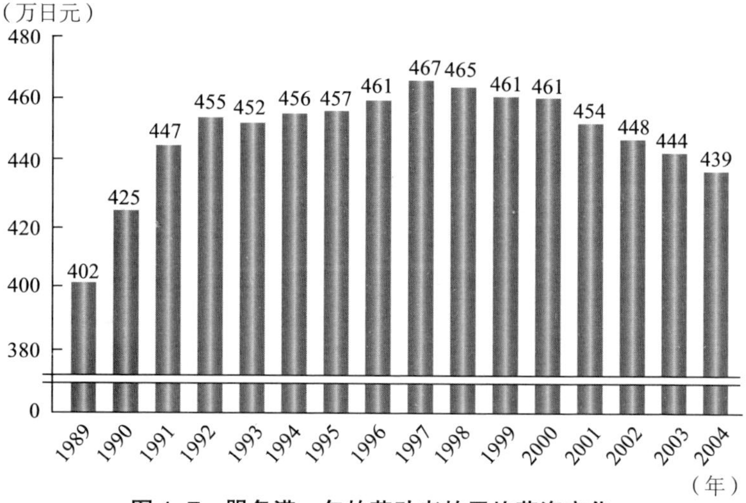

图 1–7　服务满一年的劳动者的平均薪资变化

资料来源：私营企业薪资状况统计调查（日本国税厅）

下滑的消费物价稍稍减少了大家的负担，大家也没有因为薪资减少而引发暴动，这也可以算是日本教育的一种成果吧！教育让日本人都拥有一流的“忍功”，但是每一位国民应该都深切地感受到了收入“衰退”、钱包缩水的痛楚了。

话虽如此，不过并不是所有日本人的收入都在往下掉。因为平均收入之所以减少，是收入两极化造成的结果。

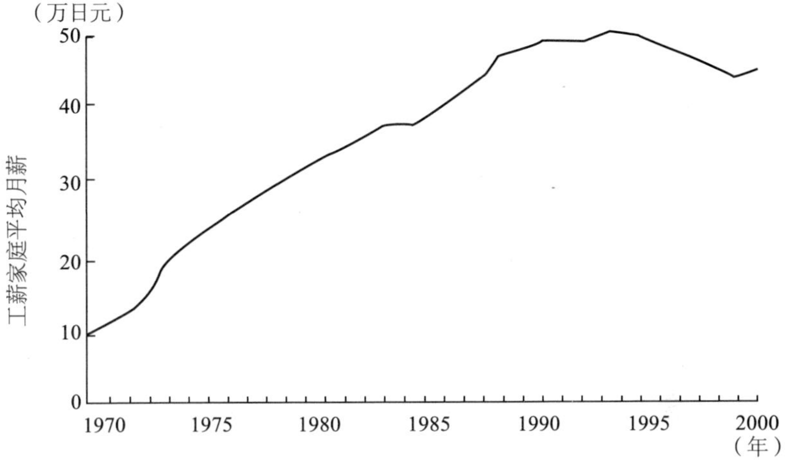

图 1–8　每个家庭可支配收入的变化

资料来源：家庭调查年表（日本总务省）

假设以一个人平均年收入 600 万日元为标准，超过 1 000 万日元的为上层阶层，600 万 ~1 000 万日元为中上阶层，300 万 ~600 万日元为中低阶层，300 万日元以下的为低层阶层，日本的中低阶层及低层阶层人数明显增加，上层阶层也微微增加，但是在中段的中上阶层的人数却大为减少。

尤其中低阶层以下竟然在所有人口中占了近八成（78.9%）的比例，这对一个国家的经济和社会来说，是一个非常重大的信息（见图 1–9）。中低阶层人数的增加，是让经济、社会产生质的变化的最大因素。

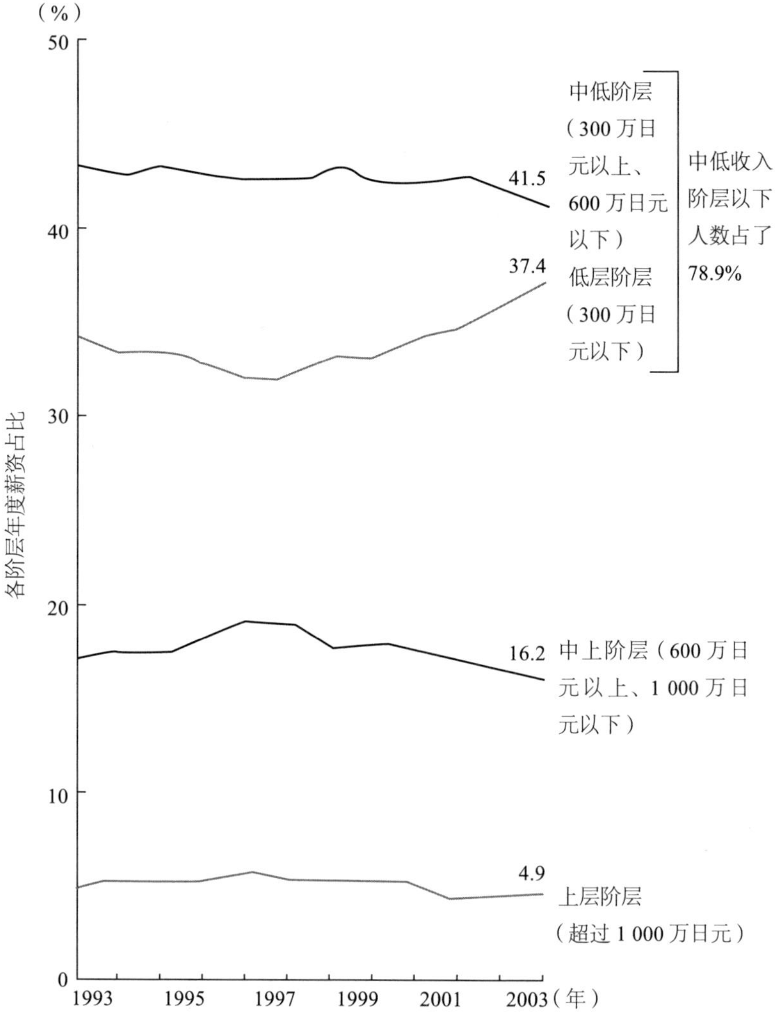

图 1–9　薪资收入人数的结构比例变化

资料来源：私营企业薪资状况统计调查（日本国税厅）

上班族年轻时候的收入虽然不多，但是随着资历的增长，地位和收入都会随之上升，最后可望以中上阶层的身份退休。这是大部分上班族都默认的共识。但是随着中产阶级社会的崩溃，上述的人生规划也随之瓦解，所以现在大家都已经开始觉得“搞不好，或许自己的一生就在中低阶层度过了”。这是2004—2005 年所发生的现象。根据 2004 年的富翁排行榜，投资顾问公司的上班族以年收入百亿日元名列第一，这表示“无等级差别的社会”已经成为幻想。

这种意识上的变化为社会结构带来了质的变化，而且这种情形至少要经过 20 年才会呈现一种固定的形态。

中产阶级社会全面崩溃

随着收入差距的扩大，收入两极化，尤其是中低阶层的人数占了日本全体国民的大半，且影响到的层面并不只有个人生活。市场产生了戏剧性的变化，促使企业改变战略、组织重整体系，同时也为社会及国家的结构带来了极大的变革。

战后，日本社会的中坚一直由中产阶级构成。在美国克莱斯勒汽车公司的首席执行官李·艾柯卡和新进职员收入相差百倍的时代，日本的社长和新进员工的收入差距只有 8 倍。这种没有贫富差距的均质性社会可以说是日本的优势，也是支撑日本经济增长的原动力。

日本员工进入公司后，在终生雇佣制度的保障下，一辈子安安稳稳。年轻时虽然薪水不高，要从低层阶层或中低阶层开始起步，但是因为可以定期加薪、升职，最后总是可以升到中上阶层，顺利的话，甚至可以以上层阶层的身份结束职场生涯，退休之后也有足够的退休金，可以安享晚年……这种人生模式深入各个阶层，已被日本人认为是理所当然的。社会的产业结构、社会组织，甚至连教育体系也是在这个框架中形成的，日本社会逐渐步入中产阶级社会，而制造商所销售的商品、服务都是为中产阶级而设计、制造的。

但是，就像前面所说的，这种情形今后只能是幻想。

根据年收入阶层的家庭比例（见图 1–10），我们可以知道 1992 年是以年收入 400 万日元的中间阶层为中心的，通过统计数字可以看出，当时的日本处于中产阶级社会。但是到 2002 年，占人口大多数的收入阶层向收入较低的方向偏移，年收入在 600 万日元左右的中间阶层减少，年收入超过 1 200 万日元的人数反而增加了。这种趋势在这几年尤其明显。

在劳动人口中，中产阶级占大多数的社会崩溃之后，收入

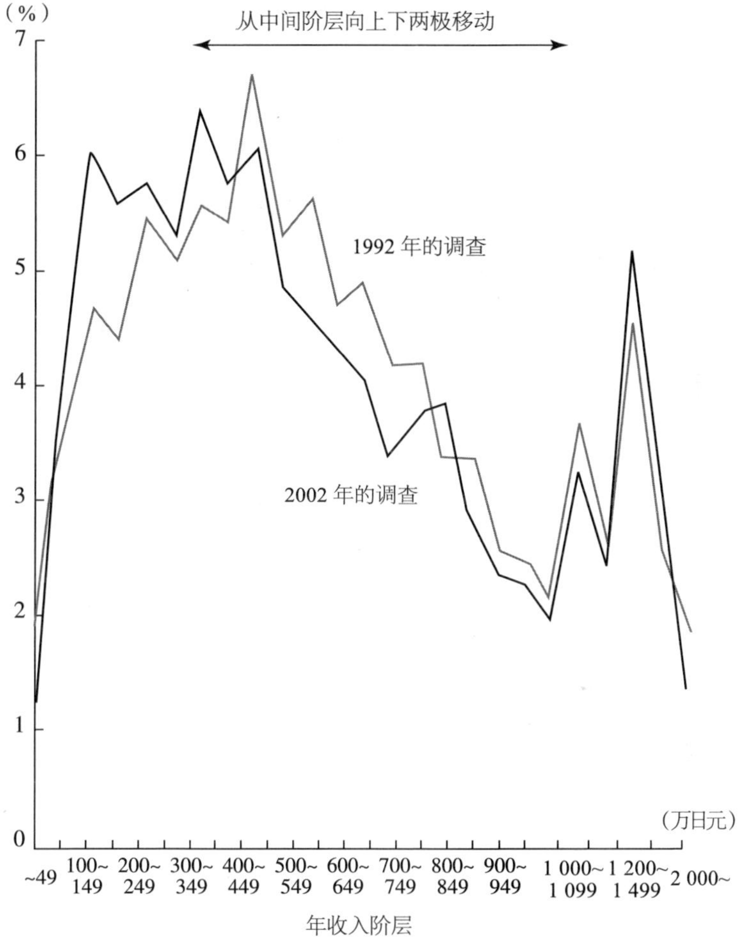

和 10 年前做比较，可以看出中间阶层减少，收入阶层向上下两极移动，呈现两极化的现象。

图 1–10　年收入阶层的家庭比例

资料来源：日本厚生劳动省

阶层的分布即往低层阶层和上层阶层上下两极移动，迈向左右两端高峰、中间低谷的“M型社会”。美国在“里根革命”[①]之后，这种趋势格外显著，日本在20年后也沿袭了这股潮流。

但是大多数人好像还是无法走出过去的梦幻。根据日本内阁2004年4月所做的国民生活调查显示的数字，虽然这个数字比上一次的调查稍稍减少了一些，但还是有89.5%的人认为，自己在社会上居于中间阶层。

为什么会有这种自我矛盾的心理？理由只有一个，那就是大部分的日本人仍然滞留在虚构的中产阶级社会之中，抱着“希望居于中间阶层”的愿望。

这种心理是通过日本特有的教育扎根的，因为现在的教育告诉大家无差别、无等级之分就是好的。再加上日本的大众传媒就像公布政府消息的机构，让日本国民无法接触正确的信息，不了解社会的真实模样和自己的真实处境，以至无法正视现实。

① 20世纪80年代，里根政府在保守主义经济政策的指导下着手削减税收和政府开支，大幅增加国防开支。这些政策的实施被看作是一场经济政策方面的“里根革命”。里根革命的名言：不要再把一切问题的解决都寄希望于政府，政府正是问题之所在。

迈入M型社会的证据

日本已迈向M型社会，收入阶层的薪资有两极化现象。

非正式员工增加

因裁员等原因，正式员工减少了。自由职业者等非正式员工的增加，造成正式员工和非正式员工之间的薪资等级落差，这和收入两极化有密切的关系。

正式员工在 1995 年左右降至最低，伴随而来的当然就是非正式员工的增加。相对于 2003 年 3 500 万的正式员工，非正式员工的人数达到了 1 500 万人。换句话说，日本每三位劳动者中就有一位是非正式员工。随着这种趋势的增强，到 2005 年，正式员工甚至减至 3 333 万人，而非正式员工则增至 1 591 万人（见图 1–11）。

和正式员工相比较，非正式员工的收入较低，其中 64% 的合同工及外聘员工的年平均收入更是在 500 万日元以下（见图 1–12）。由此可见，非正式员工的增加，和收入两极化及中低阶层的扩大有直接的关系。

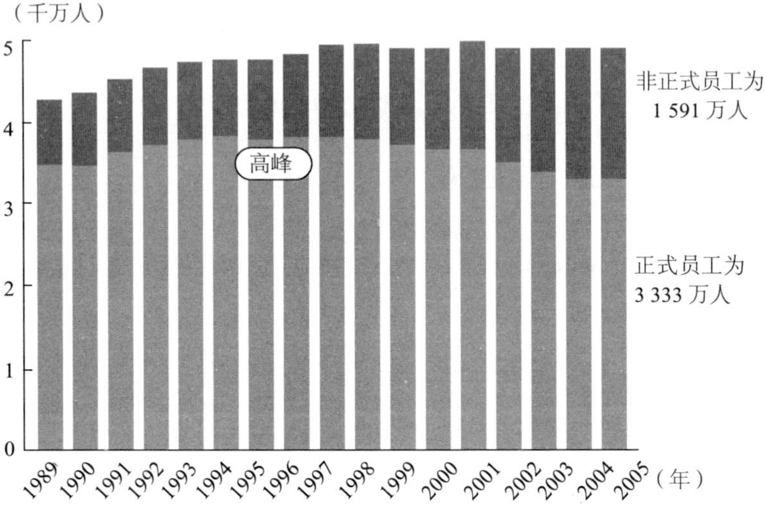

注：2001 年之前，含 2001 年，每年各取两个月的人数数字；2002 年之后，取 1 ~ 3 月的人数数字。

图 1–11　正式员工和非正式员工人数的变化

资料来源：日本总务省统计局“劳动力调查”

产业的收入差距

从主要产业的年收入（见图 1–13）上也可以看出，产业之间的收入差距正急速拉开。在上市公司服务的员工平均年收入是 566 万日元。以行业来看，在大众传媒业中，富士电视台员工平均年收入以 1 567 万日元排名第一，其余传媒公司员工最低的年收入也有 800 万日元，因此服务于传媒行业的员工平均年收入是 1 200 万日元。有浓厚反强权、扶持弱者色彩的，

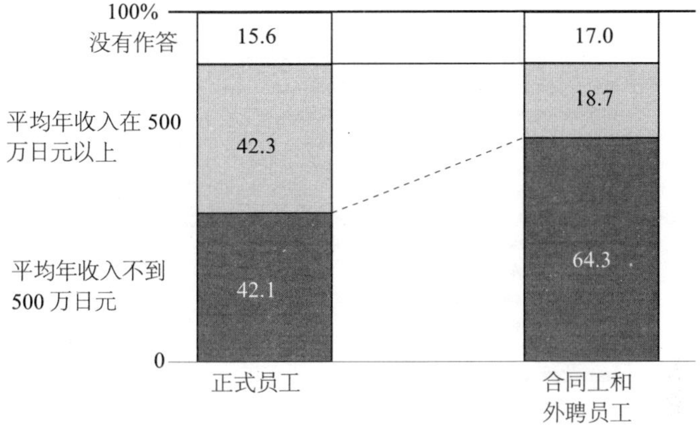

因为非正式员工的增加，加大了和正式员工的薪资等级差距。

图 1–12　正式员工和合同工、外聘员工的平均年收入比较

资料来源：《劳动经济白皮书》（2004 年版）

仿佛是“正义骑士”的朝日新闻社员工，更是达到平均年收入 1 331 万日元的高收入。

顺便提一下，一个服务于电视台的员工，约 35 岁，年收入在 1 000 万日元以上，可是却有可能整日悠闲无事可做。因为电视台把电视节目制作等工作全外包了。换句话说，电视台所扮演的角色是工作中介者，完全不参与现场的实际工作。其员工因为有钱有闲，便借着金钱和地位打女人的主意。NHK（日本广播协会）的节目制作人所引发的丑闻就是典型的例子。

金融业的收入虽有所下降，但是千禧控股集团员工的年收

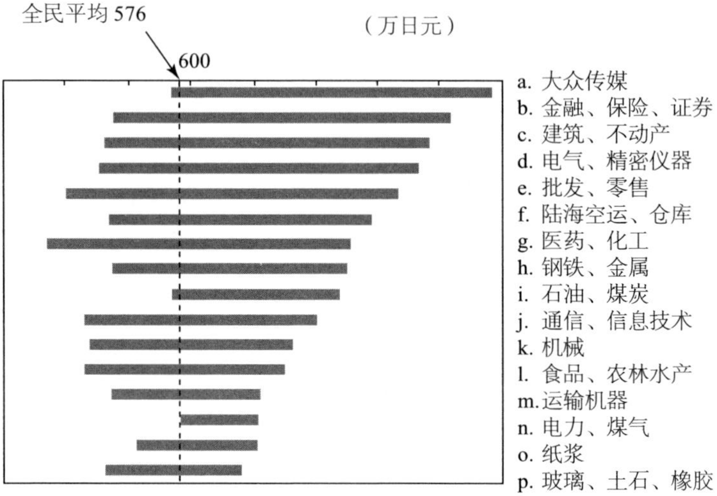

日本全体国民平均年收入为 576 万日元

（参考：服务于主要企业的员工平均年收入　单位：万日元）

a 富士电视台 1 567	每日新闻 1 358	电通 1 379
b SPARX Asset Management 1 434	三井住友 1 106	野村 HD 1 064
c 三井不动产 1 033	竹中工务店 914	清水建设 891
d Keyence Japan 1 333	新力 933	松下电器产业 758
e 三菱商事 1 277	伊势丹 706	永旺（AEON）554
f 川崎汽船 1 174	日本航空 959	东海旅客铁道 721
g 武田制药 1 047	花王 799	信越化学 772
h JFE 制钢 1 103	住友金属 670	新日本制铁 651
i 东燃 General 1 026	昭和壳牌石油 977	OSMO OIL 867
j 野村总合研究所 1 030	日本电信电话 858	KDD 1 836
k 三井海洋开发 925	小松 803	三菱重工 730
l 麒麟啤酒 901	味之素 870	NipponHam Group 774
m 本田 823	丰田汽车 816	日产汽车 730
n 中部电力 820	东北电力 815	关西电力 786
o 日本制纸 812	王子制纸 714	三菱制纸 678
p 旭硝子（旭玻璃）755	太平洋水泥 690	石桥 660

图 1–13　主要产业的员工平均年收入

入依然超过 1 500 万日元，三井住友控股公司员工的年收入也超过了 1 100 万日元。银行受政府超低利率政策的保护，所以不但不需要支付像样的利息给储户，还可以收取一般个人贷款的利息。他们甚至还做起了房屋二次抵押贷款的生意，这也就是他们能够坐领高薪的原因。

只知盘腿坐着等待轻松生意主动上门，当然也就不具备国际竞争力。虽然银行业者声称要重振银行的经营，但是一旦失去政府的保护，他们便会在顷刻之间被全球化经济的海浪吞噬。

收入的差距不只出现在不同的行业，即使在同一行业中，企业之间的薪资差距也越来越大。除了一部分行业，有的行业薪资底线只有 300 万日元。所以即使在上市公司工作，有的人还是必须面对身为低层阶层的残酷事实。

就算是同期毕业的大学同学，也会因为所选择的专业及所进入行业的不同，而在进入公司 20 年后，薪水相差 2.5 倍。如果连同企业之间薪资的差距一起计算进去，实质收入差距会在 5 倍以上。这种状况完全颠覆了社会从前的“共识”。

年功序列主义的崩溃

日本的情况是因企业导入业绩机制，并废除终身雇佣制度，而让靠资历升职、加薪的“年功序列”认知崩溃，这也是导致收入差距拉大的原因之一。

年轻时虽然是低层或中低阶层，但是收入会随着年龄的增加而上升，并以中上阶层的身份退休的人生图表已经不再适用。我们从年功赁金（日本企业的雇佣体系主要有两个特征，一是终身雇佣制——长期雇用，一是年功赁金制——按资历调薪俸）曲线的钝化可以看出（见图 1–14），因工作不顺利而终其一生都是中低阶层的上班族增加了。

之前一般的上班族，预期将来的收入会不断提高，所以贷款买房子、为孩子规划教育基金是很普遍的状况。但是当薪资收入固定在低阶层水平时，其手头不再宽裕，经济不再有回旋的余地，当然就谈不上人生的规划了。因此同样是上班族，一生都在低层打滚的人和不在这一阶层的人，生活质量之间的落差就会越来越大。

平均年收入虽然持续减少，但是在 M 型右侧的富裕阶层却越来越有钱。现在日本以科技新贵为首的有钱人一个接一个出现，年收入 5 000 万日元的亦急速增加。这也是“新经济”中“倍数经济”的一大特征。

从活力门公司（Livedoor）为了拥有富士电视台而设计恶

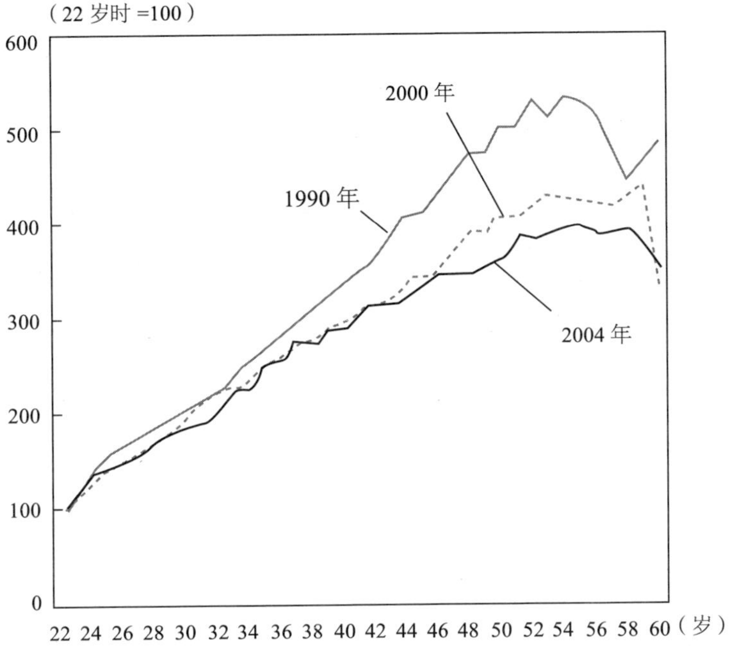

注：赁金（年薪资所得）= 规定内的薪资 ×12+ 过去一年的奖金。

厚生劳动省所制作的这张图，是以年龄为横轴，以年薪资收入为纵轴画的。从这张图上，我们就可以了解日本劳动者年收入曲线的变化。在这张依据男性、大学毕业、就业、行业、企业规模等条件下的数字所画的曲线图中，我们可以看到以 22 岁时的收入指数为 100 的话，1990 年的收入指数高峰为 530.2，2004 年为 385.0，足足减少了三成。

图 1–14　年功赁金曲线的变化

意并购日本放送（日本广播电视台，富士电视台的大股东）的事件，我们就可以了解到，在倍数经济下，一个只有地方规模的超市也有可能握有资产额数千亿日元公司的经营权。销售额不满 500 亿日元的乐天公司，将了营业额超过 3 000 亿日元的日本 TBS（东京放送）电视台一军，也是因为在倍数经济下，股票收益率呈倍数增加的关系。

以前企业的价值取决于收益、资产等现在的价值，但是迈入新经济时代（也就是迈入“开拓者时代”）之后，企业的价值是由可占领多少将来的“地盘”而决定的，也就是该企业在新发现的新经济大陆里可拥有多少“土地”。因此一个企业现在虽然还没有什么价值，但是只要让人看到它未来的前瞻性，并预测其可拥有“土地”，资金即会呈倍数转动，即使目前的收益并不高，财源也会滚滚而来。

例如曾经在麦肯锡顾问公司服务过的谷村格先生及永田朋之先生所创的 SO-NET M3（利用网络，提供医疗范畴内的丰富数据库营销解决方案），短短 5 年即成长为市值总额达 1 200 亿日元的企业。另外，我在麦肯锡的同事南场智子女士创立的 DeNA 原是一家营业额只有十多亿日元，到 2004 年才终于扭亏为盈的小公司，但是到 2005 年的 2 月，该公司股票已在东证创业市场（东证 MOTHERS）上市交易。因为 DeNA 获得“手机拍卖”这块“地盘”之后，即昭告天下人“这里是我的领地”，然后开始占据市场，随即摇身一变成了市值总额达

1 200 亿日元的企业。因为很多人都想“拥有 DeNA 的股份”，所以金钱就从世界各地涌向 DeNA。总之，光是日本就拥有 7 000 万手机用户，所以这块“领土”是非常辽阔的。

换句话说，在新经济里，企业是可以拿“让人期待的未来”交换金钱的。

从 20 世纪 80 年代之后，美国企业就以几乎相同的模式，大刮“以小吃大”的并购狂风，于是超巨大企业一个接一个诞生了。思科系统公司就是最具代表性的例子。果敢进行收购的“快枪侠”企业，能筹集高于自己资金百倍甚至千倍的资金。

只是“快枪侠”一旦停战，弹药（金钱）的补给也立刻停止。2004 年 2 月，淘儿唱片城（Tower Record）的倒闭就是典型的例子。其实淘儿唱片城的收益率及销售成绩还相当不错，但是苹果公司的 iPod 一推出，股东就掉转船头，对淘儿不理不睬。因此就算是还在持续成长的企业，一旦失去了让人期待的未来，也会突然死亡。

在新经济大陆中，还有许多未开发的“土地”，因此以信息技术企业创业者为首的亿万富翁一个接一个出现。其实不仅是创业者，连可以配股、分股的一般职员也一样可以成为亿万富翁。所以在现今的日本经济结构之下，挤进富裕阶层要比从前容易多了。

我的朋友广濑光雄先生（强生公司的日本代表）前些时候退休了。他本以为退休后可以过过悠闲自在的日子，结果受美国 Lone-Star 创投公司之托，开始收购已倒闭的高尔夫球场。当他买下 97 座高尔夫球场，开始进行现代化经营之后，这些倒闭的高尔夫球场即创造了 450 亿日元的年营业额，利润高达 70 亿日元，而且在东证一部上市。这个过程真的极像一出美国西部片。

此外，现存的企业也因职员会离开公司自行创业，或者被其他公司以高薪挖角，而不得不上调“会做事”的员工的薪水。

总之，在 M 型左侧的低收入阶层在不断扩大，同时在右侧的高收入阶层也在不断向右、向高收入的方向移动，今后左右两侧贫富之间的差距将会越来越大。

美国也体验过“中产阶级社会的崩溃”及经济衰退。

事实上，第二次世界大战结束后至 1970 年年初，美国所营造的中产阶级社会形象，就如同电视剧总是以“我的爸爸是世界上最棒的”来描绘一个家庭。也就是说在这段时间里，美国整个社会的价值观是趋于一致的。

但是进入 20 世纪 70 年代后，中产阶级社会崩溃，低收入者增加，人均收入减少，同时，高收入者的年收入提高，于是 M 型社会形成了。反观日本，则是在进入 1970 年之后，中产阶级逐渐形成，人均薪资毫无悬念地稳固上升，收入差距也微乎其微。

把日美这段时间的变化放在一起比较，就可以画出日美平均劳动薪资的变化图（见图 1–15）。日本真的整整落后美国 30 年。日本的员工薪资从 1997 年起开始滑落。另外，前面的图 1–8 也显示，日本人的可支配收入也是自 1997 年开始急速减少的。

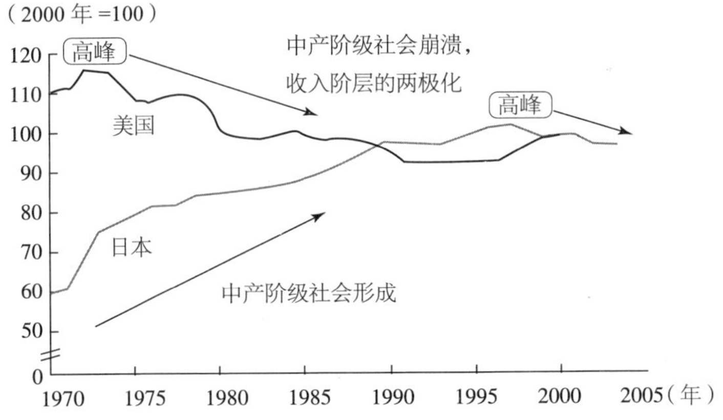

图 1–15 日美平均劳动薪资的变化

资料来源：日本厚生劳动省，美国劳动统计局

1985年，就如同比尔·盖茨导入的Windows Ver.1所象征的意义一样，美国发现新经济大陆的企业一个接一个诞生了。也就是说，美国因为早一步发现“新经济”，所以成功地彻底开放市场，并借信息高科技产业有效地改变了产业结构，让人均薪资在1995年之后开始上升。现在美国收入差距两极化的现象依然存在，但是中低阶层的收入已经足够让中低阶层过上相当富足的生活。如图1–16所示，美国的失业率曾经高达近10%，但是20年后，却降得和日本几乎一样了。

日本就好像在美国屁股后面一路追赶，社会结构也急速迈入M型社会。美国在中产阶级社会崩溃之后，花了20年的时

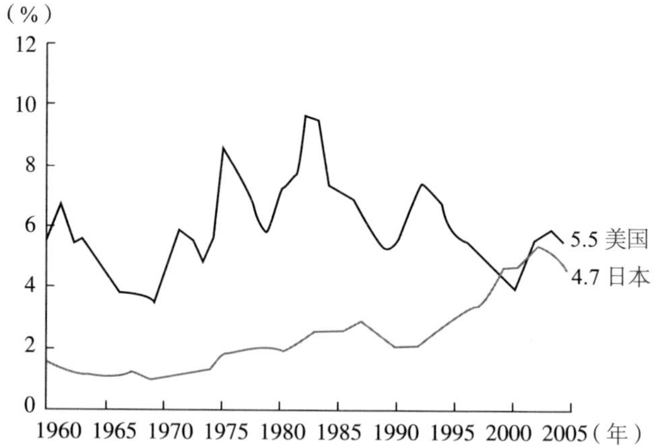

图1–16　日美的失业率变化

资料来源：日本总务省“劳动调查”，美国劳动统计局

间才恢复了经济实力，并改善了失业率。由这个经验来看，日本人的收入下降、经济低迷的情形，最少会再持续20年。

改革机会只有现在

2025年，社会中坚超过50岁

日本现在的状况比30年前的美国更严重，因为日本还必须面对史无前例的少子老龄化社会，及因财政政策错误所造成的巨额国债。如果政府延续错误的财政支出政策，势必会让国民的负担更加沉重，让经济陷入更长期的衰退，甚至连国家都会有破产的危险。

总之，受到少子老龄化的影响，日本所要面对的问题比大多数人所想的都严重。

日本的中位数年龄（现在活着的人的年龄中间值）战后快速往上冲（见图1–17）。1990年，日本即把其他发达国家抛在后面，成为全世界平均寿命最长的国家。如果照这个趋势发展下去，到2025年，日本的中位数年龄预估会超过50岁。也就是说，假设全体国民的人数为100人，从婴儿到老人，顺着年龄排排坐，坐在正中间的第50人或第51人的年龄就超过了

50 岁。从图 1–17 中我们可以明显看出，除了日本，没有一个国家的中位数年龄超过 50 岁，其中美国的中位数年龄更是不到 40 岁。

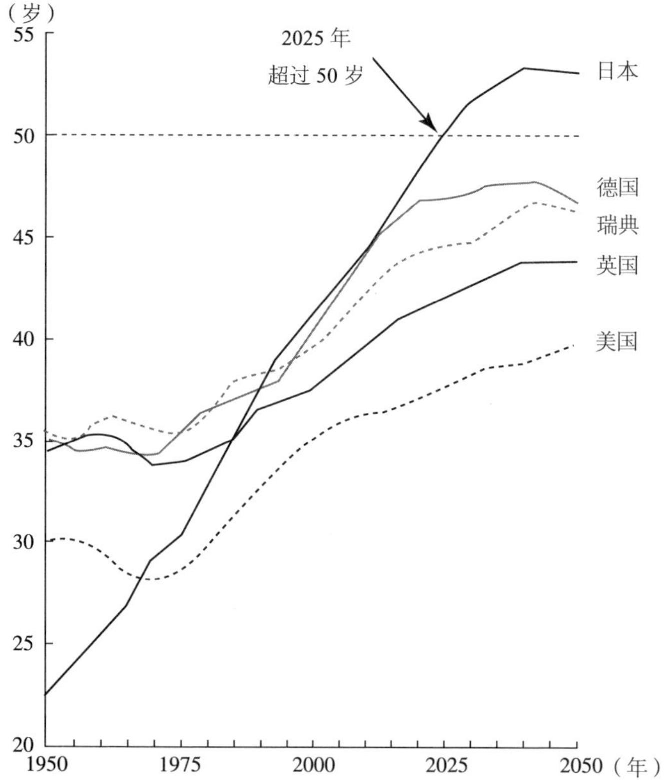

到 2025 年，日本是全世界唯一一个国民中位数年龄超过 50 岁的国家。除了人均寿命延长的日本，全世界找不到第二个中位数年龄超过 50 岁的国家。

图 1–17　主要发达国家的中位数年龄变化及推算

资料来源：《世界人口展望：2002 年修正版》（联合国相关机构）

到日本比较偏僻的城镇或乡村走一趟，会发现几乎看不到年轻人，有些地方甚至只有老年人进出，这不禁令人慨叹日本是个暮气沉沉、完全没有活力的国家。

一旦中位数年龄超过了 50 岁，日本当然也就失去了创造新产业的活力，经济实力自然就更加衰退了。

更何况日本从 2005 年起就迈入了自然人口减少的社会，这个时间比政府预期的还早了两年。因为日本不仅老龄人口增加了，总人口也减少了。简而言之，日本已经开始体验全世界没有任何一个国家曾经体验过的社会。

这其中的一个问题就是，该如何筹措年金、医疗保险费用等不断增加的社会保险费用，以照顾、赡养老龄者。2004 年日本的劳动年龄人口（15~64 岁）是 8 500 万人，65 岁以上的老龄人口是 2 500 万人，换算之后，等于 3.4 个劳动年龄人口赡养一位老龄者。到 2025 年，因少子化的关系，劳动年龄人口会减少至 7 200 万人，而老龄人口则会增加 1 000 万人，总数达 3 500 万人。换句话说，平均每两个劳动年龄人口就必须赡养一位老人（见图 1–18）。

这一局面将让 2004 年为 86 万亿日元的社会保险给付费用，到 2025 年时膨胀到 153 万亿日元。社会保险给付负担

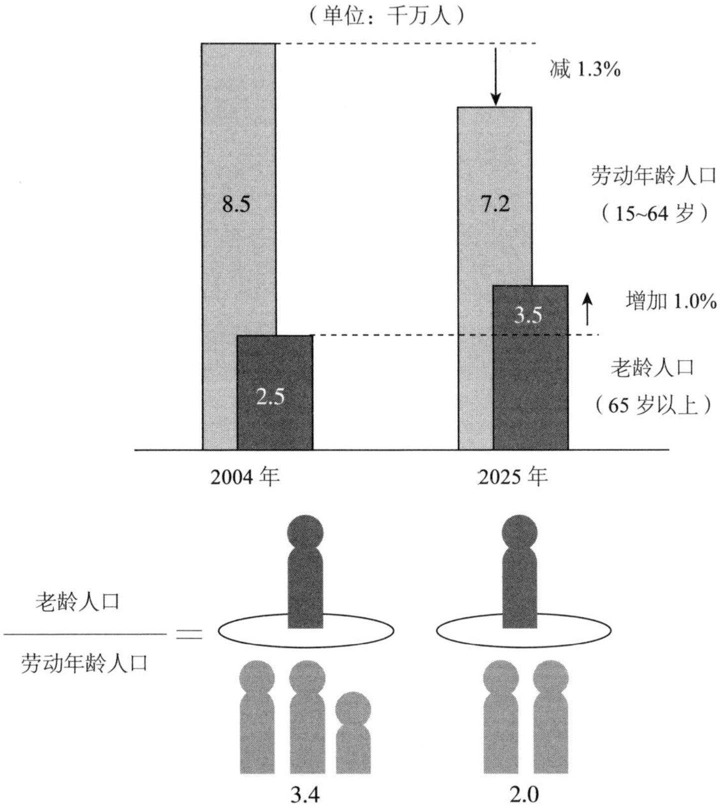

到 2025 年，15~64 岁的劳动年龄人口中，平均每两人就必须赡养一位老人。

图 1–18　老龄人口及劳动年龄人口的推算

资料来源：日本国立社会保障及人口问题研究所

也从 2004 年度的 78 万亿日元增至 155 万亿日元。所以我们必须先有心理准备，今后负担增加的时代至少会持续 20 年（见图 1–19）。

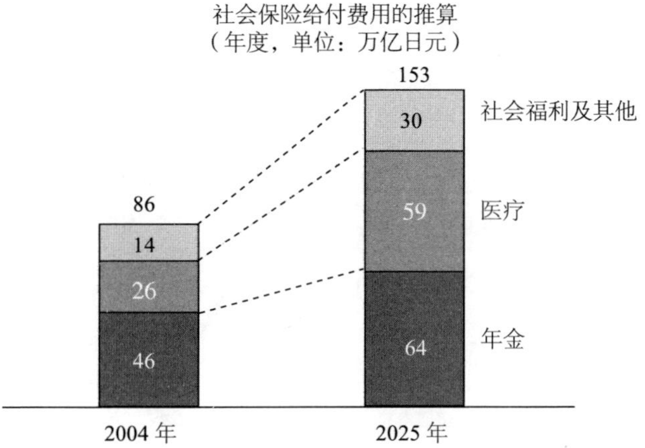

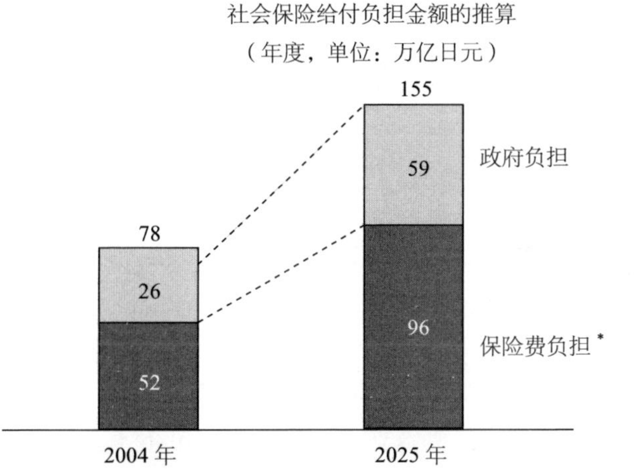

因社会老龄化，社会保险给付及负担在 20 年后都会增加两倍，极有可能因此爆发年轻人与老年人之间的“斗争”。

* 保险费的负担 = 被保险人负担 + 事业主（雇主）的负担。

注：日本的年金制度可分成：（1）国民年金，是从 20 岁以上到未满 60 岁的国民加入的年金，也称为基础年金；（2）厚生年金，是由公司员工加入的福利制度，保险费由企业和员工各分担一半；（3）企业年金。

图 1–19　社会保险给付费用及国民负担的推算

“高负担时代”的可怕事实

2005 年是日本政府转向高负担政策的一年（见图 1–20）。因为政府在 2004 年 10 月调高了厚生年金保险费率，12 月废除了配偶特别扣除额（追加部分）原则；接着一进入 2005 年，又废除了老年扣除额（收入扣除额 50 万日元）等 65 岁以上追加部分的扣除额，缩小住宅贷款减税比率，采纳实质增税政策，4 月开始分阶段废除一定比率的减税，并调高国民年金保险费。

此外，政府相关部分也以 2009 年为目标，降低长期照顾保险的保险费征缴年龄，并预计在 2008 年度调高消费税。

到那个时候，我们再回头看，一定会称“小泉剧场”疯狂的 2005 年为“高负担元年”。

不过，真正高负担时代的到来毕竟还是以后的事，现在为了重振借款超过 1 000 万亿日元的国家财政，日本必须先设法平衡国家财政基础收支。为此，政府和经济学者现在都认为必须调高消费税。

国家财政基础收支是指扣除从岁出（一年中的总支出）中支付国债的本利之后，再从岁入（一年中的总收入）中扣除国债发行额所获得的收支。如果这一收支能够维持平衡，就表示

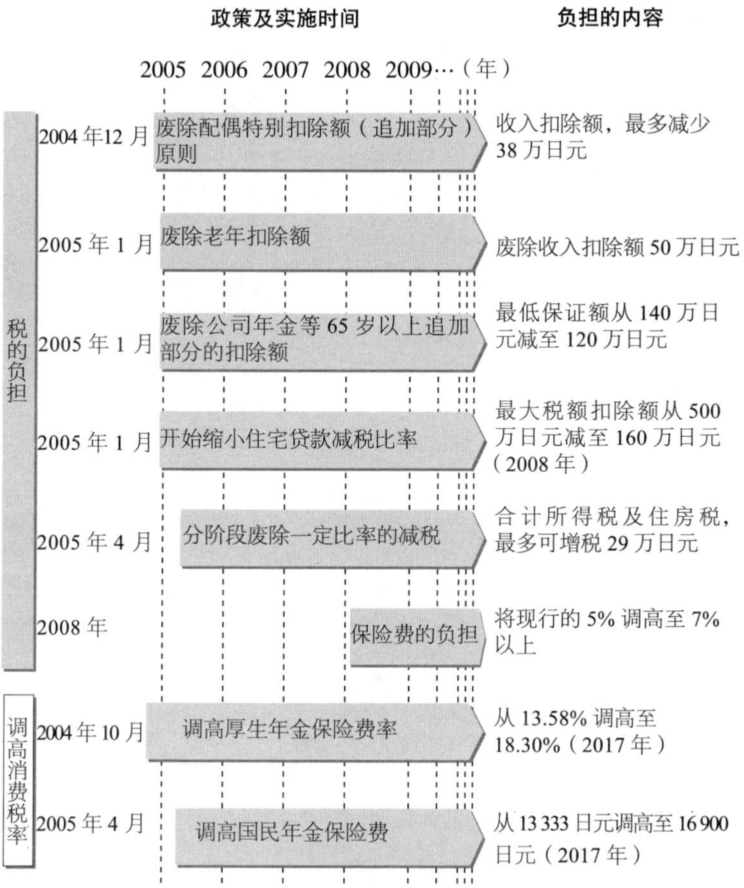

图 1–20　加重家庭负担的主要政策

国债发行额不会再增加了。这是健全财政的第一步。

那么，消费税到底要提升到百分之多少，财政支出又要削减多少，才能够让国家财政基础收支获得平衡呢？如图 1–21

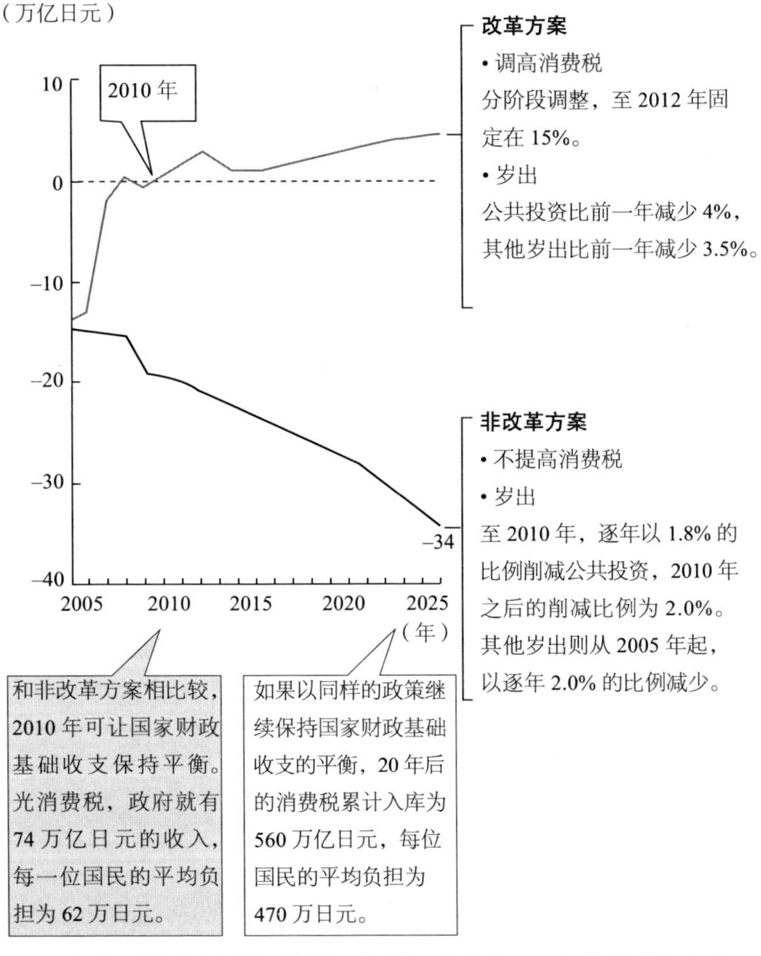

为了舒缓超紧缩财政，让国家财政基础收支在 2010 年取得平衡，光消费税就要 74 万亿日元。

注：除去每年社会保险给付的政府负担部分。

图 1–21　国家财政基础收支的推算及取得平衡的必要负担

所示，假设政府的改革方案是公共投资每年都比前一年减少4%，其他岁出也比前一年减少3.5%，2012年之前，分阶段将消费税提高到15%，那么2010年，就可让国家财政基础收支取得平衡。当然，消费税一提高，就会加重国民生活负担，到2010年，光是消费税，政府就可以有74万亿日元的税收，也就是每一个国民平均负担为62万日元。之后如果要继续维持国家财政基础收支的平衡，估计20年后的消费税累计入库为560万亿日元，每一个国民的平均负担是470万日元。

然而假设政府为了兑现选举所开出的“支票”，没有一个过渡而立即进行改革，结果将更为悲惨。如果政府不提高消费税，又在2010年之前逐年以1.8%的比例削减公共投资，2010年之后削减的比例为2%，而其他岁出部分也以逐年2%的比例减少，那么国家财政基础收支就只有恶化一途，到2025年，国家财政基础收支甚至会跌至–34万亿日元。此后想要让国家财政基础收支恢复平衡就再也不可能了。

届时人民生活不下去，社会当然就会陷入混乱。最糟糕的“剧本”就是：年轻人拒付年金，不缴纳社会保险费，完全舍弃老年人；小巷中到处都是三餐不继的流浪老人，对将来不抱希望、丧失工作欲望的年轻人，铤而走险四下犯罪。

日本极有可能因此成为一个荒废的国家。

不过，这是以现在的税制为前提所编写的剧本，如果政府相关部门能够不站在“征收”税金的立场，而以国民的观点来考虑“税制应该如何设置”，就能够自行找出根本的解决之策。

关于这一点会在第六章详述。我个人倒是有个解决税金问题的方案。这不是奇策，而是应对新的社会构造、新的质的变化的方案。要想让经济摆脱长期衰退，必须从根本上改变既往思维，不要以为只有增加上班族的负担，才能创造符合新世界、适用于新社会结构的征税制度。

中低阶层时代的对策

政府之前的错误对策所造成的损失已无法估计，但是一味懊悔也无济于事，问题是今后我们该怎么做。

一个中位数年龄超过 50 岁的社会，已经失去年轻的活力，所以我们要进行变革，只有从现在开始。回顾过往，可以发现在变革时代中活跃的人都是年轻人。不论是进行明治维新的人，还是第二次世界大战之后创建大企业的人，几乎都是从十几岁或二十几岁就开始崭露头角，到了三十岁左右即成气候，拥有一番成就。

但是看看今天的我们，在表现比较强势的汽车、家电等产业中的企业高层，几乎见不到年轻人的影子。除了绰号“堀江A梦”的活力门公司社长堀江贵文①，几乎看不到企业被注入年轻的活力。如果没有应对之策足以让这个国家的年轻人释放活力，日本就无法在结构上摆脱长期衰退。

以世界史的观点来看，日本的繁荣时代已经结束，崛起的是“金砖四国”[BRICs，巴西（Brazil）、俄罗斯（Russia）、印度（India）和中国（China），发音类似英文的“砖块”（brick）]，加上土耳其、越南、泰国等新兴国家（见图1–22）。

一个个像昔日的日本一样有活力的国家将陆续登场，当日本优越的技术被快速模仿之后，日本要维持优势将越来越困难。这导致日本陷入长期衰退的困境，不过日本企业本身也有加速衰退的趋势。因为国内的年轻人才太少，优秀的人才都流失到国外企业、研究单位去了，结果日本成了一个空壳，无法让长期衰退的趋势踩刹车。

日本从2005年开始正式迈向自然人口减少的社会，如果长期衰退的趋势一直持续下去，日本极有可能沦为二流甚至三

① 2006年，堀江贵文因涉嫌投资诈骗等罪名被捕，最终被判入狱两年半（随后被获准保释），此后与活力门断绝了一切关系。——编者注

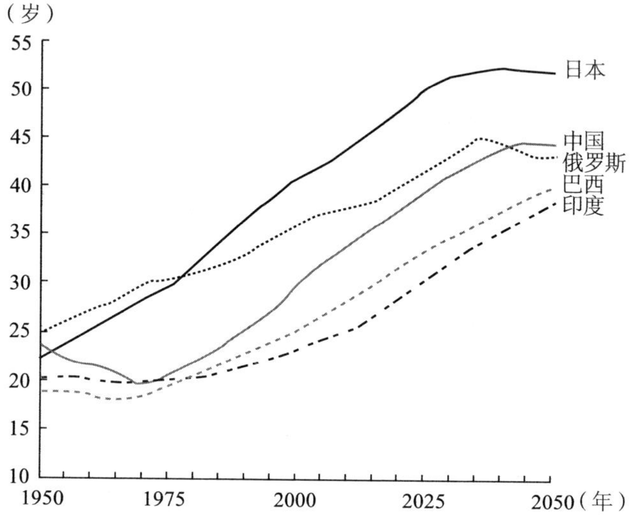

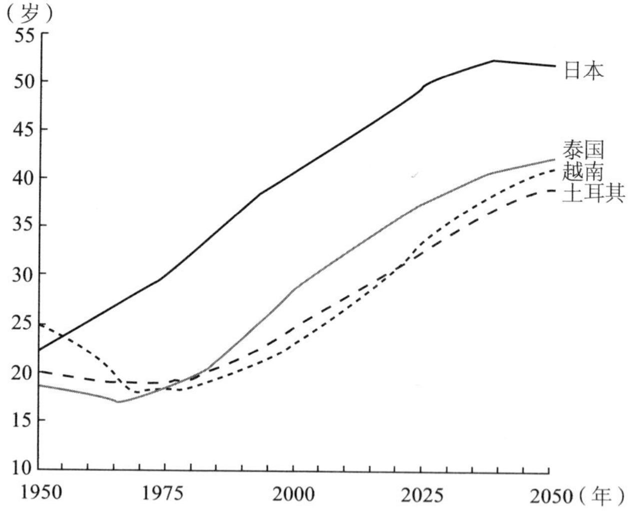

图 1–22　主要新兴国家中位数年龄的变化及推算

流的国家。

不过这是一种假设，前提是日本无任何对策。

我就有对策，所以我才能了解日本长期衰退的本质，同时注意到随着中产阶级社会崩溃而扩大的中低阶层，以及这群人带来的社会素质水平所发生的质的变化。为了让日本摆脱长期衰退，不单单只是改革税制，我对个人、企业及政府方面都有几套对策。从下一章起，我就会开始针对应对的具体方法依次展开讨论。

第二章 中低阶层时代的企业战略

社会进入中低阶层时代，意味着企业应该重新定位消费群，将中低阶层放在主要消费群的位置上。为此，企业必须精简流通环节，降低成本，从而为中低阶层开发“感觉好价格低”，以及价廉物美的“新奢华”商品，创造M型社会的盈利增长点。

先知先觉者，赢家通吃

百货公司为何门可罗雀

中产阶级社会崩溃之后收入阶层呈现两极化的事实，也使市场发生了变化，其中占最多数的、年收入在600万日元左右的中低阶层，今后势必持续扩大成为市场的核心，这一点将严重影响企业的战略。

中低阶层时代来临的前兆，事实上已经开始在各经济统计表中露出蛛丝马迹。

从日本全国百货公司的营业额变化图表中，我们可以看到1991年的9.7万亿日元是营业收入的最高峰，此后年年下滑，到2004年，年营业额只有 7.8 万亿日元。也就是说，百货公司的年营业额减少了两成，大约 2 万亿日元（见图 2–1）。百货公司原本的主要顾客群是年收入超过千万日元的上层阶层，以及年收入在 600 万 ~1 000 万日元的中上阶层。换句话说，造成百货公司营业额低迷的最主要的原因，是中低阶层的顾客增加了，中上阶层的顾客却减少了。

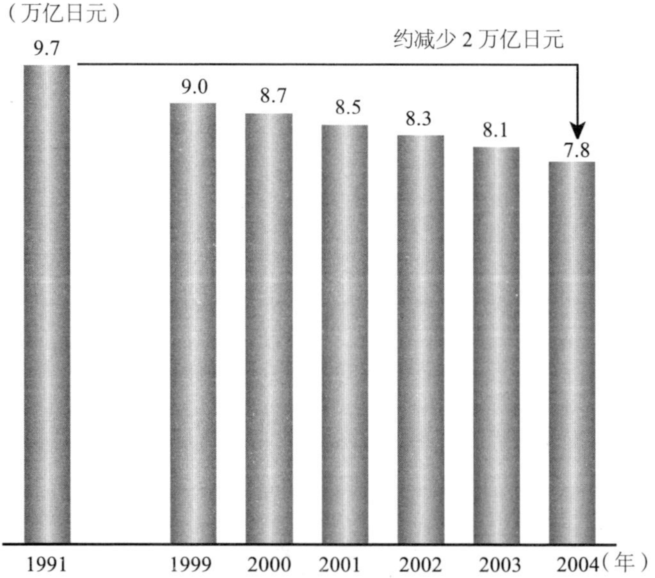

图 2–1　日本全国百货公司营业额的变化

资料来源：日本百货公司协会

收入差距的拉大虽然让上层阶层的收入增加了，但是能够真正满足上层阶层需求的高级百货商品却非常少。最具说服力的证据就是，在百货公司中，真正提高了市场占有率的只有关东的伊势丹百货公司及关西的阪急百货公司，其他则几乎都在惨淡经营。

更严重的是地方性的百货公司。2002 年 2 月，从福冈历史悠久的老铺岩田屋百货公司加入伊势丹的体系开始，地方上有名的百货公司一个接一个被东京、大阪的百货公司收购。现在还值得收购的百货公司一个也不剩了。换句话说，地方性的百货公司成了当地经济的包袱。

但是这些百货公司却不知道，它们的营业额之所以会不断减少是结构变化造成的，所以仍然在既有的经营战略延长线上，以重新装潢、不着边际的促销策略拼命挣扎，冥思苦想着为什么营业额会一直下降。2005 年 11 月，百货公司的年平均营业额比前一年增加了 4%，业界即期待从此业绩开始好转，但是事态并没有大家所想的那么简单。

美国M型社会的变迁

30 年前美国曾经历过迈入M型社会的结构变化，只要看看这一历程，即可了解百货公司的衰落是结构变化所造成的。

从美国零售业营业额排行的变化（见图2–2）来看，1971年位列前10名的公司中，有8家是量贩店[①]和超级市场，百货公司只有一家挤入榜内。而到2003年，以经营折扣零售超市起家的沃尔玛排名第一，量贩店就只有西尔斯一家，而西尔斯也在2004年被凯玛特收购了。

为什么会有这么大的变化？简单来说就是以中产阶级为主要顾客群的量贩店没落了，以中低阶层为主要顾客群的折扣零售商店兴起了。美国零售业的荣枯盛衰，可以说是社会结构迈入M型之后的必然趋势。

现在相同的状况也开始在日本发生了。

根据零售业的行业划分，我们来看看消费者这两三年消费频率增加的行业及减少的行业（见图2–3）。消费频率增加的有网络商店、百元商店、以食品为中心的超市、便利商店和药店。消费频率减少的大都是百货公司，其次则是休闲服饰专卖店和量贩店。

因为年收入在600万日元的中低阶层占了日本人口近80%，

① 量贩店（hypermarket，又称为大卖场、霸级市场），是一种仓库型的商店，其结合了超级市场和百货公司的功能，贩售大量且多样的南北杂货及服装，除了供零售商以较低价格铺货，也便于一般家庭采购一周生活所需。——编者注

所以中低阶层人口理所当然就成了让走低价格路线的零售业得以大发展的原动力。

1971年		
1	西尔斯	量贩店
2	A&P	超级市场
3	Safeway	超级市场
4	彭尼	量贩店
5	S.S. 克雷斯吉超市	折扣零售
6	克罗格	超级市场
7	Marco	量贩店
8	伍尔沃斯	超级市场
9	联邦百货	百货公司
10	Jewel Companies	超级市场

↓

2003年		
1	沃尔玛	折扣零售超市
2	家得宝	家庭娱乐购物中心
3	克罗格	超级市场
4	塔吉特	折扣零售超市
5	好市多	大卖场
6	西尔斯	量贩店
7	Safeway	超级市场
8	艾伯森	超级市场
9	沃尔格林	药店
10	劳氏	便利商店

以中产阶级为主要顾客群的主要量贩店，随着中产阶级社会的崩溃开始没落，以中低阶层为主要顾客群的折扣超市顺势抬头。

图 2–2　美国零售业的营业额排行变化

业态	消费频率增加（%）	消费频率减少（%）	消费频率增加及减少的差距（%）
网络商店	36.8	4.3	32.5
百元商店	39.1	12.3	26.8
以食品为中心的超市	29.7	10.2	19.5
便利商店	28.3	16.8	11.5
药店	21.8	10.7	11.1
家电大卖场	13.8	13.7	0.1
家庭购物中心	11.8	13.7	–1.9
折扣零售超市	9.6	12.3	–2.7
量贩店	19.3	24.6	–5.3
休闲服饰专卖店	8.7	18.6	–9.9
百货公司	9.1	42.0	–32.9

到百货公司购买高级商品的人数明显减少。

图 2–3　零售业不同业态的消费频率的增减

资料来源：《消费者社会白皮书》（JMR 生活综合研究所）

憧憬自由之丘

陷在结构变化中的企业到底该怎么做才能提升业绩呢？有很多经营者的想法是“营业额低迷是经济不景气造成的”“现在只能忍耐”，但是这种消极的做法非但无法让业绩好转，而且在忍耐的这段时间里，公司还有可能因此而倒闭。如果经营者看不到已经发生的结构性变化，不懂得采取应对措施，就算经济复苏，业绩也无法有所增长。

所以让营业额增长的重点就是获得市场最大顾客群——中低阶层客户的青睐，其关键在于“憧憬自由之丘”。

“憧憬自由之丘”的意思，简单来说就是提供价格便宜，感觉如在自由之丘（日本东京市内的高级住宅区）的商品及服务，让大多数人享受向往却承受不起的自由之丘气氛。

事实上，以这种模式经营成功的商店已经诞生了。在零售业中，业绩呈快速增长的“自然厨房”就是其中一例。

自然厨房是百元商品专卖店，贩卖的都是让顾客感觉只在精品店、Interior Shop 才有的好商品。在精品店、Interior Shop 所贩卖的商品大都产自意大利、北欧国家或是日本的商品，价格都不低。而自然厨房所卖的东西，感觉上虽然一如这些商品，但是产地却是以亚洲发展中国家为中心的。在生产费用低廉的国家进行生产来降低成本，就可以用 100 日元的价格将感觉不错的商品卖给消费者。换句话说，自然厨房打造的“中上阶层的品质，低层阶层的价格”的概念，得到了消费者的认同。

在精品店或 Interior Shop，一个平均售价为 900 日元的马克杯，在自然厨房只卖 100 日元；一般售价 800 日元的储物盒，在自然厨房也只卖 100 日元。因为自然厨房所采用的方法是拿着精品店的样品到亚洲发展中国家等地，要求依样画葫芦大量生产，所以即使才卖 100 日元，仍有 25 日元的利润（见图 2–4）。

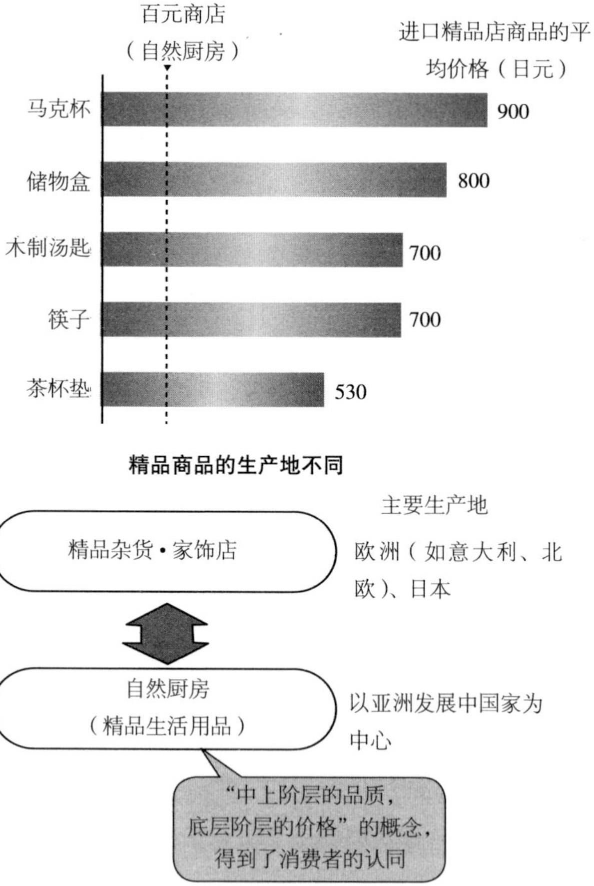

图 2–4　精品商品的价格

相较于自然厨房，大创百货的手法又不同了。大创百货的商品也卖 100 日元，但是如果把大创百货贩卖的商品放到伊藤洋华堂或 7–Eleven 卖，至少都在 300 日元。大创百货之所以能够以 100 日元的价格贩卖，同时还有 25 日元的利润，是因为大创百货的流通环节以及成本结构与伊藤洋华堂或 7–Eleven 并不相同。

自然厨房能够以精品店、Interior Shop1/7 或 1/8 的价格贩卖商品，也是因为采用和大创百货相同的流通环节、成本结构，模仿高价精品大量生产。它成功的秘诀就是把大创百货的理念带进了质感更高的进口精品市场。

将制造流程的效率发挥到极限

在成衣服饰业中，ZARA（飒拉）因占有中低阶层的市场而胜出。住在六本木 Hills 的人都是中上阶层的人，所以世界知名的高级品牌都集中在这里，不过让年轻女顾客趋之若鹜的地方却是 ZARA。现在顾客一致认为 ZARA 是“六本木最有魅力的店”。

和高级品牌的夹克动辄五六万日元相比，在 ZARA，同等级的商品只要 1 万日元左右就可以买得到，女长裤（宽松的便裤）也在 5 000 日元以下。一套在别的高级专卖店要 10 万日元以上的男士西服，在 ZARA 则只要 3 万日元左右，所以就算是中低阶层的顾客也可以买得起。而且融合休闲风格及最新潮流是这些商品的一大特征，为此，ZARA 不但精心研究流行的款式，还将制造过程彻底流程化，以期在最短的 1~3 个星期之内就可以出货，因此商品的更新速度非常快，可能在短短的三个星期内，店里所有的商品全都被淘汰换新。

ZARA 在全世界有 3 000 多家店面，每家分店都能以最快的速度给顾客提供最新的成衣服饰，而且因为商品的周转率非常高，所以即使有存货，也只打八折或八五折。

反观高级品牌的服饰，从设计到出货所需的时间相当长，再加上商品的周转率并不高，所以出清存货或过期货时，往往必须降价四成甩卖，这也就是高级品牌服饰利润会下滑的主要原因之一。另一种低价品牌的商品，售价比 ZARA 还低，只有数千日元，但是设计能力薄弱，商品本身就不具魅力。看到这种一味求便宜的商品，连中低阶层的顾客也会扭头而去。

ZARA 以中低阶层能承受的价格，提供拥有中上阶层品质的商品，就是“憧憬自由之丘”企业典型的经营模式，因此 ZARA 能够在全球成衣服饰业一枝独秀。

赋予耐用产品多次生命周期

在家具业中，大山公司也是靠“憧憬自由之丘”经营模式成功的。这家公司低价贩卖有质感的家具和有设计感的产品，业绩持续增长。这一战略表现最明显的就是沙发。

沙发是一种使用周期非常长的商品，通常可使用5~10年。等到要换新沙发的时候，人们理所当然就将整组的沙发全换掉。而顾客换沙发的时机也大多只有在新屋落成、搬家或结婚的时候，因此店家很难掌握固定的顾客。

所以大山公司最先开始销售的是“可换衣的沙发”，也就是把从前售价8万~15万日元的双人沙发套上沙发套，标榜不用换沙发只换沙发套。这种“可换衣的沙发”本身的售价是3万~5万日元，沙发套一个是7 000~8 000日元。要换价格昂贵的沙发不容易，但是只换沙发套，不但价格便宜，而且可以配合季节、流行趋势轻轻松松更换。如此一来，大山公司不但可以赚到沙发的钱，还可以赚沙发套的钱，这种战略在之前的家具界从来没有人用过。

当然，大山公司能够以这种价格卖给顾客，主要是因为工厂直销的关系，少了中间的一些费用，不但可以压低售价，也提高了利润。此外，由于这些产品都是在半成品的状态下送进仓库的，所以既缩短了从订货到交货的时间，也降低了库存的风险。不过最重要的是，厂商可以通过直营店察觉消费者的心声，进而抓住中低阶层的心，提供符合中低阶层需求的人气商品。

支撑“感觉好价格低”的成本结构

酒店业也有成功应对结构变化的企业。这就是以一般商务酒店的住宿价格，提供和高级酒店同级别服务的新形态商务酒店。

以前商务酒店给人的印象是住宿费用虽然低廉，但是内部的装潢及服务不怎么样，但是现在打破“便宜无好货”观念的酒店出现了。例如京王 Presso-Inn 东银座，不但内部装潢清新舒适，还免费提供刚出炉的面包及咖啡。东急 Inn 也为住宿客人准备齐全的盥洗用具，让住宿的客人不必再像以往那样必须去自动售货机买牙刷和剃须刀。

最奇特的是东横 Inn，这家连锁酒店的经理人全是家庭主妇。东横 Inn 提供的免费早餐不但有面包，还有饭团和味噌汤，让住宿客人觉得自己好像在家享用太太送上的早餐。这种以商务客人为中心的惊人的工作效率，理所当然获得了大家的一致好评。在便利性上，东横 Inn 不但有完善的网络电话、无线局域网络等，而且通信完全免费。

这些酒店共同的成功关键就是，让中低阶层的住宿客人，以等同于从前商务酒店住宿费 7 000~8 000 日元的费用，享受稍微奢华一点的服务。

这些新形态的商务酒店花钱更新设备，提供更贴心的服务，得到的利润却非常高。以东横 Inn 来说，社长之下的经理人全是家庭主妇，工作人员也都限制在最少的人数，完全不浪费任何人事费用。东横 Inn 的企业战略是“以主妇的感觉经营”。当初这些毫无经营经验的主妇经理人，经过三四个月的培训，个个都成了干练的经营者，大幅提高了饭店的利润。东横 Inn 虽然严格控制人事成本，却借助加强服务而获得成功。这些都是在中低阶层时代稍稍调整经营策略而成功的例子。

新奢华商品抬头的背景

现在要介绍的是不同于“憧憬自由之丘”的另一种经营路线，也就是以提供“新奢华”（New Luxury）商品服务而成功的例子。

“憧憬自由之丘”是“中上阶层的品质，中低阶层的价格”，“新奢华”的特征则是“价格和品质都属中上阶层”。但是“新奢华”锁定的目标并不是中上阶层，而是中低阶层的顾客。换句话说，提供能让中低阶层的顾客“虽然觉得有点贵，却想获得”的商品服务，就叫作“新奢华”。

这个名词来自波士顿咨询公司。如果再加上我个人的解释，“新奢华”的意思就是以中低阶层为主流，再加入一点“奢华主义的购买冲动”。

换句话说，质量高、感觉好的商品及服务，只要是在“加点钱就唾手可得”的价格范围内，消费者是乐于多出点钱的。美国就在这种消费模式固定之后，开创了全新的商品及服务理念。因为以前的主流商品已经过时，商品的范畴已经都改变了。

日本的情况也相同。以食品来说，Pietro 沙拉酱、健康 Econa 食用油、哈根达斯冰激凌的销路，事实上都脱离了价格及销售容量的需求曲线（见图 2–5）。

造成新奢华商品消费现象抬头的原因有许多。首先，折扣零售商店让一般家庭节省了一些家庭开支，让中低阶层的人有多余的钱可以购买稍微贵一点的商品。例如，平常在百元商店买东西，但是对于室内用具的奢华就是有份执着；平常身上穿的是大众品牌的衣服，但就是想要有个名牌包；平常都吃超级市场的廉价商品，但是对味噌、酱油就是非常讲究。也就是说，

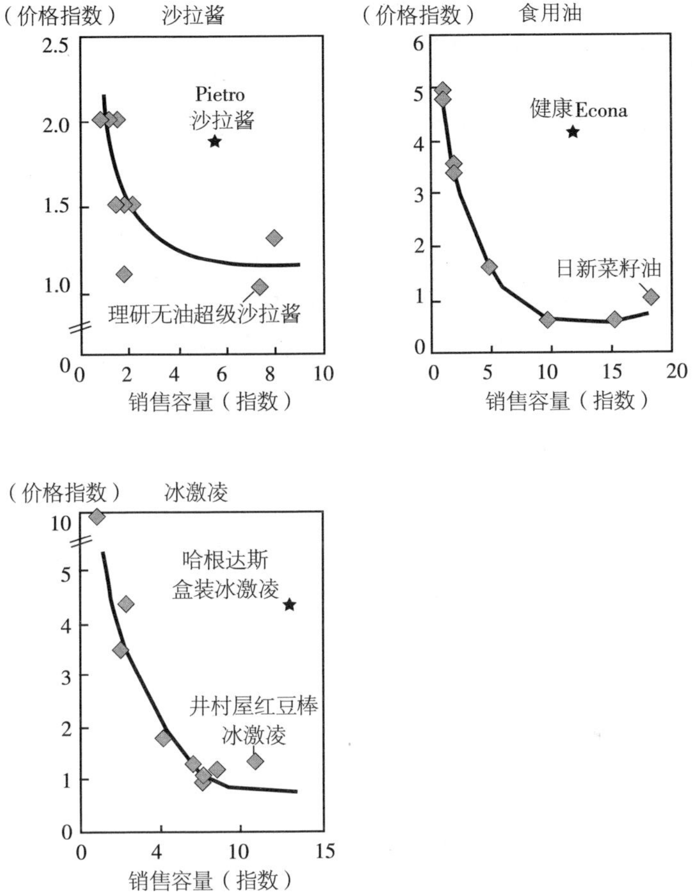

样品：《日经 POS》（2003 年 7 月号）营业额进入前 10 名的产品。

图 2–5　价格及销售容量的需求曲线

资料来源：《创造新奢华型的名牌》（波士顿咨询公司）

一个消费者会同时拥有两种完全不同的消费行动。

另外，职场上的单身女性或主妇会用一笔固定的支出来

“犒赏自己”或享受“偶尔的奢侈”，即使是收入属于中低阶层的女性，也有许多人会花大价钱购买名牌包。因此，察觉中低阶层客户的心理，以合理的价格提供有奢华感的商品，就是企业成功的秘诀。

中低阶层改变了汽车产业

如果从广义的角度来看，数年来一直大受欢迎的小型车，也可以说是中低阶层时代的代表商品。

在日本人以往的观念里，年轻的时候赚得少，所以开低价位的车，但是在年收入增加并晋升至中上阶层之后，最后总想开开丰田皇冠、日产公爵。但是当“在公司服务得越久，薪水就越多，职位就越高”的大前提崩溃之后，配合年收入改变汽车等级的想法也从根本上改变了。

2005 年销售成绩耀眼的小型车，能够配合生活形态又能享受奢华感，排气量为 1~1.5 升，价格为 100 万 ~170 万日元。这种车的车身虽然很小，但车内空间设计精致，使用者的满意度相当高。虽然售价很低，却绝非“因为是小型车，就姑且忍耐”的次级品，所以这也可以说是中低阶层商品中成功的例子。此外，在轻型汽车市场也可以看到同样的趋势。

从新车销量排行来看（见图 2–6），在 2000 年，进入排行前十的小型车中，只有 Vitts 及 Cube 两款车。但是到 2004

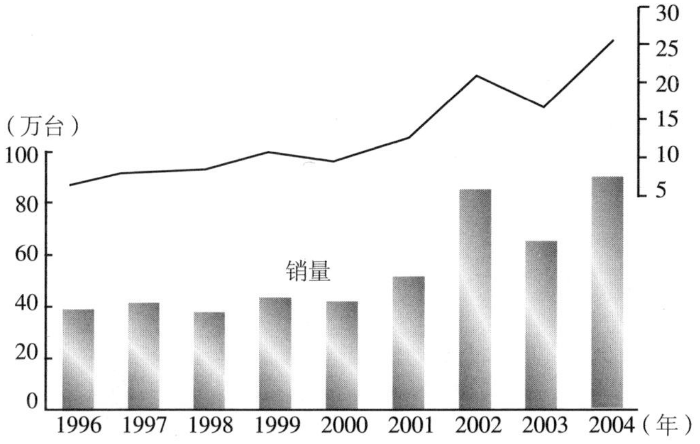

占汽车销量的构成比例（轻型汽车除外）

以车名登记的新车销量排行（万台）

	2000 年			2004 年		
1	Corolla	丰田	19.1	Corolla	丰田	18.7
2	Vitts	丰田	16.4	飞度	本田	15.2
3	Estima	丰田	15.8	Cube	日产	12.8
4	Odyssey	本田	15.2	Wish	丰田	11.5
5	bB	丰田	12.0	Crown	丰田	9.7
6	Crown	丰田	9.8	Passo	丰田	9.5
7	Fun_Cargo	丰田	8.5	March	日产	9.2
8	Cube	日产	8.1	Alphard	丰田	8.6
9	Mark ll	丰田	8.1	Vitts	丰田	8.0
10	Wagon	本田	7.8	Odyssey	丰田	8.0

图 2–6　小型车的销量

年，就有飞度、Cube、Passo、March、Vitts 五款车。这证明丰田皇冠不再是唯一的选择，消费者配合自己的生活形态选车的想法已经开始成形了。

以有限的收入享受自己可以认同的生活，一定会成为中低阶层时代的主流观念。

中低阶层的市场

四成多的人口

企业分析市场之后，至少都会为掌握自己想要锁定的顾客群拟定一个战略。因此在分析之前，必须先整理出各收入阶层在已产生结构变化的日本市场所占的位置。

就算贵也坚持要优质商品、优质服务的上层阶层（年收入超过千万日元）及中上阶层（年收入 600 万 ~1 000 万日元）的高收入阶层，以及受年金之惠而拥有高额可支配收入的银发族，都可能进入中低阶层的市场。银发族虽然收入很少，但有积蓄和年金，如果他们的钱流入消费市场，消费倾向（消费及储蓄在可支配收入中各自所占的比例。消费倾向 + 储蓄倾向 =1）将会提升至中上阶层。他们的钱之所以不流入市场，是因为他们担心晚年的生活。后面的章节会详谈这个问题，总之，对此政治要负最大的责任。

因为收入差距的扩大，中上阶层的人不但收入比以前丰厚，有的人甚至还拥有一定的资产，但是这一收入较高的族群却变小了。前面说过百货商店的营业额陷入低迷，就是这方面的一个例子。因此要想在中上阶层的市场有惊人的成长，势必要走彻底的“新奢华”路线，并提供更精致、更贴心的服务。

在低收入阶层中，稍稍偏上的中低阶层（年收入300万~600万日元）在价格方面与低层阶层一样要求便宜，但是他们并不认同“便宜无好货”的观念，所以对于商品的感觉，他们要求能达到中上阶层的水平。对于质量高、感觉好的商品及贴心服务，他们并不吝惜多付一些溢价的费用。因此这个市场对企业而言是个极为严酷的市场，因为企业必须重组能够降低成本的流通环节，或者开发具有“新奢华”风的商品。

但是，最具有市场潜力的其实是中低阶层的顾客群。在日本，中低阶层的人数占了最大的一部分，为41.5%（2004年），所以今后将形成一个更具魅力、成长更为惊人的市场。就像之前大家所看到的，在百货、精品、时尚、汽车、宾馆、金融服务等行业，能够成长的都是成功捕获中低阶层顾客群需求的企业。

相对于此，年收入在300万日元以下的低收入阶层，便宜比感觉重要，所以“价格低才买”是这个阶层的特征。以人数而言，他们占了总人口的37.4%，仅次于中低阶层，预计这个市场今后会更大。但是最近属于这个阶层的消费者不但可用于选择性消费和支出的钱变少了，还有严格控制基本支出的倾向。

当然，走彻底的低价格路线也可以在这个市场开出一条路，但是要想在这个市场让收益持续增长，就必须有所觉悟，要和既有的折扣零售超市展开残酷的成本大竞争。

日本的五大消费群

让我们更进一步详细分析日本的市场。

现在，我把日本的消费群进行细分，并为各部分取一个名字。我以选择性消费及支出为纵轴，以收入及资产的高低为横轴，来显示各部分的分布情形，如图2–7所示。

其中，收入最高、最有余钱做选择性消费及支出的是“富裕的老龄者”。处于这个部分的人在孩子都长大独立之后，解

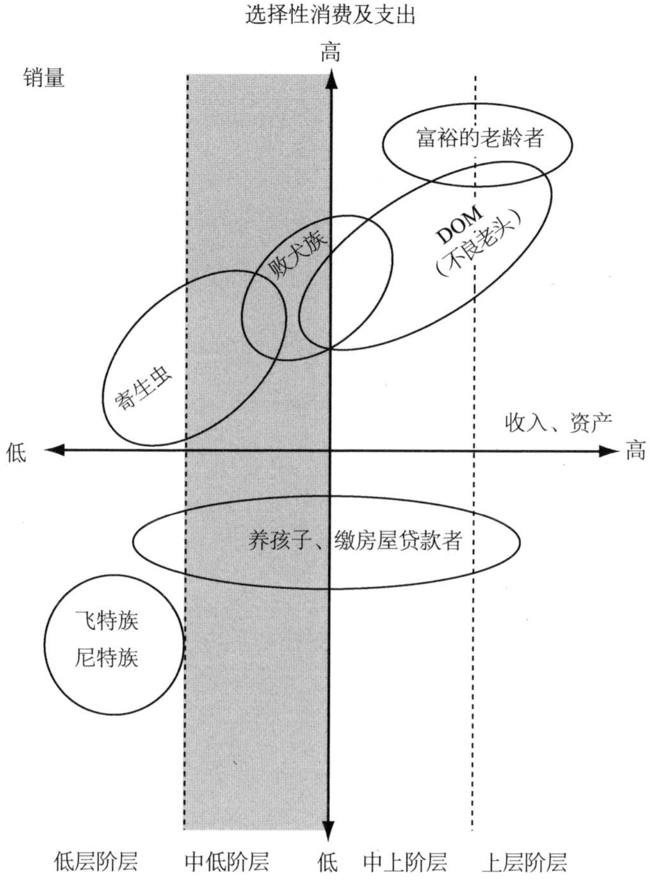

现在足以牵引消费的被称为寄生虫、败犬族的单身女性，是构成中低阶层市场的主力消费群。

图 2–7　中低阶层市场和主要消费群的关系

除了教育费及房贷的压力，所以在金钱的使用上最为宽裕。随着老龄化社会的来临，属于这部分的人将会持续增加。经常到国外旅行的就是这些人，现在出国不管走到哪里，都可以看到老龄者观光团，就连不是观光胜地的西班牙乡下，也都可以看到他们的身影。

接着是DOM，这是我为另一个消费群取的名字，就是“dirty old man”的缩写（美国人常用这个说法，是指专门追逐年轻女孩的色老头）。处于这个部分的人，是拥有高收入、对美丽年轻女性尚“不死心”的中老年男性消费群。最近流行的“不良老头”指的就是他们。他们不需要担心年金，所以对于流行时尚、自己的嗜好常常不惜一掷千金，潜意识里希望能受到女性的青睐。

在30岁以上、有工作、没有孩子的被称为“败犬族”①的女性中，有一小部分是女强人，拥有中上阶层的收入，但绝大多数还是从事事务性工作的中低阶层。不过和同时代需要养家糊口的男性比起来，属于这一类的女性，因为不需要负担贷款及孩子的教育费用，在选择性消费及支出上仍然有比较大的空间。

属于这个部分的女性，最擅长带着DOM一块儿去血拼名

① 2004年日本有一本畅销书，里面将年过30岁的未婚女子归为“败犬族”。——译者注

牌包，然后把自己赚的钱用在自己想做的事情上。常偕同性朋友到米兰的，就是这个部分的女性。

“寄生虫”是指没有收入，必须向别人伸手拿钱作为自己支出费用的人。“未婚、有工作、没有孩子”并和父母一起居住的人，就是最典型的“寄生虫”。现在35岁的女性中，有35%都是未婚的，而且有35%的人和父母住在一起。在美国，年过20还和父母住在一起的话会被认为“很恶心”，但是在日本，属于这一部分的人数却在持续增加。这些人本身的收入属于中低阶层或低层阶层，但是由于不需要负担家用，三餐靠父母，所以可用于选择性消费及支出的金钱相当宽裕。处于这个部分的人口，据推算已超过1 200万人，而且预计20~39岁的人在这个部分所占的比例将会越来越高（见图2–8）。

收入少、可使用的钱也少的是“尼特族”[①]及“飞特族”[②]。根据厚生劳动省的定义计算，日本属于飞特族（不包含派遣人员[③]、合同工、希望成为正式员工的人，以及目前正在打工、做

① 尼特族指不工作、不上学也不参加职业培训的年轻人。——译者注

② 飞特族指从学校毕业后没有固定工作，靠打工来维持生计的年轻人。——译者注

③ 派遣人员指由人才中介公司与用人单位和个人签约，由中介公司向用人单位派遣的员工，不属于正式员工，其工资由中介公司支付。——编者注

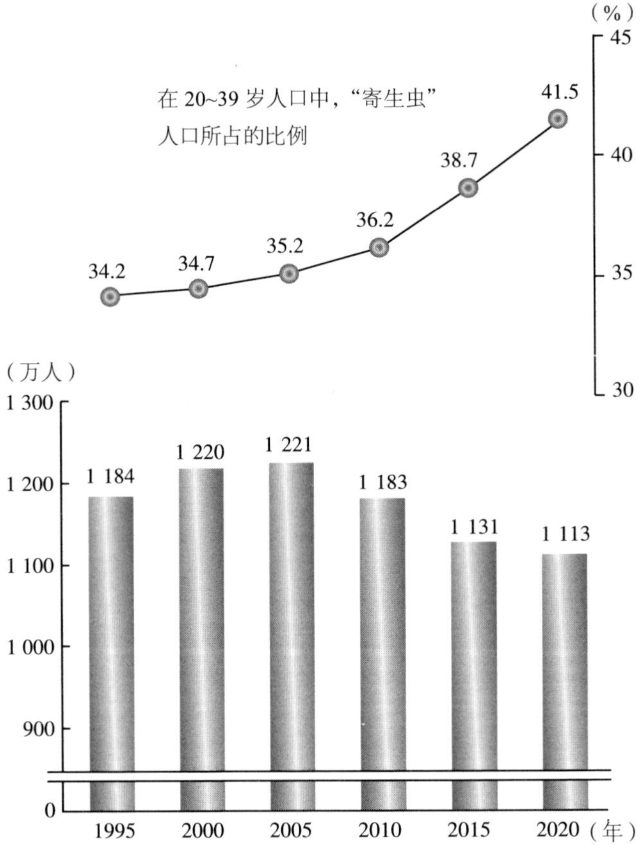

注：2000 年之后为推算值。

数据出处：根据国势调查（日本总务省）、人口推算（日本国立社会保障及人口问题研究所）所做的测算

图 2-8　20~39 岁“寄生虫”单身人口

资料来源：第一生命经济研究报告

钟点工的人）的有213万人，尼特族中的“年轻无业者”则有64万人（2004年）。如以内阁府广义的定义来计算，飞特族（包含派遣人员、合同工、希望成为正式员工的人）有417万人，尼特族有84.7万人（2001年）。这个部分的人数不断增多，也是造成日本企业生产力低落，使日本陷入长期衰退的原因之一。此外，就消费而言，属于这个部分的人还有可能是日本经济的绊脚石。

M时代的营销战略

应对消费两极化

在20世纪70年代前期，比日本早30年，美国的中产阶级就开始崩溃，国民收入朝两极化发展。这种状况所造成的结果就像我在前面章节所分析的，以中产阶级为对象的量贩店开始衰退，折扣零售超市开始成为主流。即便到了现在，美国的贫富差距仍然非常大，所以企业都在致力于制定应对收入两极化的市场营销策略。

日本早晚也会面对和美国一样的状况，如果企业所采取的仍然是以中产阶级为主要顾客群，而不是应对收入两极化的营销策略，要想在这个市场继续生存恐怕很难。反之，能够拉拢占最大比例的中低阶层的企业，将最有成长的空间。舍弃中产阶级改而转向中低阶层的优衣库，年销售额达 3 000 亿日元，这就是因为中低阶层壮大的关系。

从日本整体来看，日本人的收入是减少了，但是这对日本企业所造成的影响也不都是负面的。因为社会结构变化产生了新形态的市场，现在正是开拓这一市场的最佳良机。

不过，国民收入两极化之后，到底要锁住低收入的顾客群还是高收入的顾客群，企业可就得大伤脑筋了。因为从“经济宽裕的人”“经济不宽裕的人”的消费及购买行动来看，价格不是唯一的决定因素（见图 2–9）。

认同“价格便宜就买”的人中，经济不宽裕的人理所当然比例最高，占 41.1%，经济宽裕的人占 20.3%。认同“价格虽高，但是质量好就买”的人中，经济宽裕的人占 56.4%，经济不宽裕的人占 31.7%。选择“三思之后才会购买”的人中，经济不宽裕的人占 60.7%，经济宽裕的人占 52.5%，两个比例都很高。另外，认同“只买喜欢的名牌”的人中，不管经济宽不宽裕，比例都很低——经济宽裕的人占 10.4%，经济不宽裕的人占 5.1%。

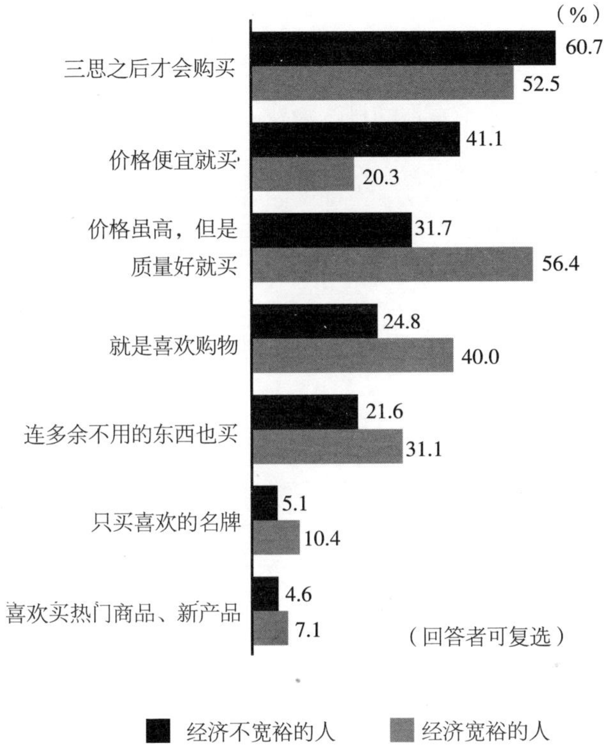

不管是经济宽裕还是经济不宽裕的人，购买的关键要素都不是单纯只问价格。

调查对象：全日本 18~69 岁的男女个人

有效回答：1 472/2 000

图 2–9　消费和购买行动的比较

资料来源：《生活设计白皮书：2004—2005》

从这个趋势我们就可以确定，“高收入者代表名牌和高价商品”“低收入者代表便宜货和低价商品”是不成立的。在日本属中低阶层的人（年收入600万日元以下），以世界水平而言，仍属于上层阶层。就像美国中低阶层的人扩大了“新奢华”商品市场一样，经济不宽裕的日本消费者也不是只要价格便宜就别无所求了。换句话说，中低阶层的人还是会根据自己的标准选择质量佳、感觉好的商品和服务的（“憧憬自由之丘”）。

你要做谁的生意

针对消费者的购买意识，企业该如何制定市场营销策略呢（见图2–10）？

首先必须要讨论的就是，针对收入阶层的两极化，企业是否要同时以这两个阶层为主要顾客群。如果答案是肯定的，接下来就必须讨论是否要用同一品牌的商品，或者分别用不同品牌的商品以细分市场。

如果决定选择收入阶层两极化后的其中一个阶层，选择标准就成了关键。

决定瞄准高收入阶层的企业，必须问自己是否拥有创造相应价值的能力及创新能力。如果有能力走彻底的奢华路线，即可讨论进军上层阶层。因为上层阶层中，除了有旧有不变的市场区块，还有不少因为收入差距加大而变得更富有的人，所以

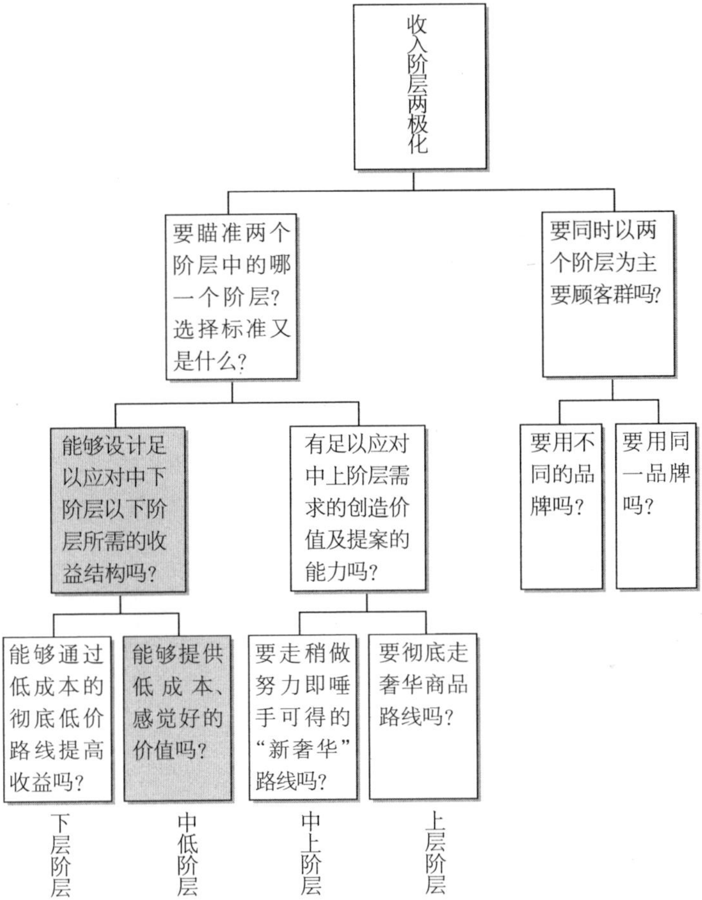

针对收入阶层两极化，企业必须锁定自有品牌、收益结构、价值设计等项目，进行分析讨论。

图 2–10　企业对于收入阶层两极化应该讨论的项目

彻底锁定这个阶层，也是非常有前途的一种选择。

企业也可以选择以前的中产阶级和比中产阶级人数稍多一点的中低阶层为主要顾客群，但是做决定之前，必须先认识到以前的中产阶级市场已经缩小的事实。

如果企业选择以低收入阶层为主要顾客群，该讨论的内容就是是否能够建构与这个阶层对应的收益结构。如果企业认为自己可以提供低成本、高品质的产品，或者彻底锁定低收入阶层走低价格路线也一样可以提高收益，就可以以下层阶层为主要顾客群。

无论如何，如果企业无法彻底消除生产、流通过程中的无端浪费，想在这个阶层中获得利润将会非常困难。换句话说，企业如果无法在自有品牌、收益结构、价值设计等方面提出妥当的对策，就不可能在收入阶层两极化的时代中拥有生存空间。

日本有些企业已经针对两极化的收入阶层，分别投入不同的商品并开发新的渠道了。

例如，日清食品就推出了比一般速食杯面（一个 150 日元左右）售价还高的、200~300 日元的“料多”杯面等，锁定的顾客群是年收入 700 万日元以上的上层阶层，并标榜健康取向和高附加价值，渠道只选择便利商店，不进入折扣零售超市，产品销路奇佳。另外，日清又针对年收入在400万日元以下的顾客群，制造售价在100~130日元的低价商品，供折扣零售超市贩卖。这就是以收入高低划分主要顾客群、制定市场营销策略非常成功的例子。

中低阶层市场的营销战略

面对收入阶层两极化的事实，企业到底该如何经营又新又广阔的中低阶层市场？其中的要诀我已经告诉大家了，因此，企业必须拟妥战略。此外，从以上的几个例子中，我们也可以归纳出几个好对策。

在低价格业态中，加入附加价值

不要只求便宜。商品的价格虽低，还是要加入一些附加价值，才能满足中低阶层顾客群的需求。例如自然厨房公司，虽然卖的是百元商品，但是加入产品坚持使用天然材料营造自然感的附加价值之后，就能烘托出“憧憬自由之丘”的气氛。

ZARA也是如此，虽然服饰价格的设定是让中低阶层的顾客也买得起，但是融入走在时代尖端的设计以及实时迅速供货的附加价值之后，顾客满意度大幅提升。又如东横 Inn 连锁酒店，营造出主妇亲自下厨、体贴待客的感觉，让住宿客人用一般商务宾馆的费用，享受如在高档宾馆般的增值服务，就能在同业中脱颖而出。

重视实用性

在既有的产品中多加一分实用性、多提高一些性能，就能创造出符合中低阶层生活形态所需的商品。所以企业所提供的商品不能只求廉价，还必须要有一定的质量水平。在汽车业中，高级小型车业绩长红，就是一个很好的例子。

让库存流动，增加消费

增加消费者的选择项目，让生命周期较长的商品产生流动，就可以增加消费者的购买机会。大山家具公司为生命周期很长的沙发加上可替换的沙发套，就是最好的例子。沙发套的价格定在 7 000~8 000 日元之间，让中低阶层的顾客买得轻松、换得容易，成功地使库存流动起来，增加了消费。可替换的沙发套非常有效率地为大山公司提高了收益。

让库存流动起来，增加消费的模式，也可用于出租车、房屋出租业。对中低阶层而言，汽车和房子是一项负担极重的支出，是典型的库存消费产品。但是我们可以借租车、租房的方式，让这些库存流动起来。

大家都渴望有自己的房子、自己的车子，但是随着消费意识的改变，今后提供租车服务的企业应该可以开拓更新更大的市场。至于房屋出租业，业者给租房者的不应该是“因为购房资金不够，不得不租间房子暂时忍耐”的感觉，而是提供连中低阶层也租得起，而且有“憧憬自由之丘”气氛的高质量、高格调住宅。如此一来，租赁市场一定会大为扩展。

活用信息技术

信息技术化的优点是可以提高业务效率，大幅缩减店铺费用、人事费用，压低成本，提供高质量的服务。

家具、室内用具行业也需要活用信息技术。“我的房间起居室”是一家很特别的公司，这家公司原来是个发行商，负责发行从《服装》分出来的杂志《我的房间》。后来开始推销杂志上所刊载的商品，从事电话销售，之后又转型为经销商，在代理《我的房间》及 Cadre Sezon 的室内用品的同时，也将触角伸入网络做电子商务，业绩非常好。

将透着“憧憬自由之丘”高级感的室内用品，以开直营店及电子商务的方式降低成本，再以适合中低阶层的低价格进行贩卖，就是这家公司成功的秘诀。这家公司的总公司就设在自由之丘，称这家公司为“憧憬自由之丘”或许有点奇怪，但是它的市场战略的的确确就是“憧憬自由之丘”。

这两三年来，特别是在电子商务方面，“使用频率增加的人数”（增长至 36.8%）和“使用频率减少的人数”（4.3%）之间的差距，在零售业当中名列第一。预计今后电子商务市场将会更大。

其他如资产运用、学习、教育等领域，也都会应用信息技术，积极争取中低阶层的市场。

教育信息技术化的成效，我个人就是验证者。日本从 1998 年起开始使用宽带进行远程教学，2001 年设立了在全日本（不，应该说在全世界的任何地方）都可以在家上 MBA（工商管理硕士）课程的研究所，这比学生在实体教室中上课的效果好。上课的学生可以选择自己方便的时段，并配合自己对课程的熟练程度进行课程学习。系统会在课中或者在课后进行检核测验，学生如果有不会的地方，可以当场重新学一次。

第五章会详述远程教学的情况。总之，如果将信息技术导入一般学校的教育体系中，就可以从根本上改革日本的教育系统。如果优秀的老师在全日本一起利用网络进行教学，学校就不会苦于师资力量的缺乏，以后学校只要留下对学生未来就业给予指导的老师就可以了。在公务员当中，人数最多的是老师，教育信息技术化后，就可以大幅削减行政支出。

不进行流通革命就退场

为应对中低阶层时代的来临，企业在讨论相关的对策之后，至少必须做到以低价格提供感觉不错的优良商品。不过，绝大多数的企业都没有建构能够承受低价格的成本结构，问题就出在行政制度和日本特有的商品流通系统上。

美国收入阶层两极化的结果是，以中产阶级为主要顾客群的量贩店走向凋零，以中低阶层为主要顾客群的折扣零售超市开始抬头。在两者交替的过程中，政府彻底开放市场、放宽限制，各企业则努力追求流通的高效率。

美国零售商的采购部放眼全世界，在各地直接采购价廉物美的产品。例如材质好、感觉高级的地毯，在美国塔吉特、西尔斯等店，售价300日元左右，但是在日本的超级市场就要卖到1 200日元，就算移到折扣零售超市贩卖，最低售价也不会低于 600 日元。

事实上，这种地毯的制造国是土耳其。或许一般大众并不清楚，土耳其的地毯产品质量堪称世界顶级。尤其是土耳其的绒毯，上面的刺绣不但富有民族特色，而且做工精细，手感极好。美国中低阶层的每个人都买得起这种高级的地毯。

美国的消费者相信自己的体验，所以只要提到最高级的地毯产品，他们就会想到土耳其的产品。日本的消费者则大不相同，日本的消费者宁可相信名牌，也不相信自己真实的感觉。

即使在原材料较便宜的国家进行生产，当产品要运回本国的时候，还是会委托贸易商处理，到了国内之后，再通过渠道商，视情况进行批发。就因为这一连串冗长的过程，让消费者无法买到价廉物美的商品。

事实上，优衣库公司能够快速成长的原因就在于此。优衣库将在中国生产、售价为 1 050 日元的服装运回日本卖 1 900 日元，建构了单品可以净赚 350 日元的直接贩卖系统。同样的商品如果交由大型的超市售卖，售价低于 3 900 日元或许就没有利润了。

换句话说，从生产到销售能够削减多少无用的成本，和价格竞争力成正比。因此想在中低阶层时代继续生存，企业改革流通环节应该是不可避免的。

谁能赢家通吃

反过来说，现在在所有的产业领域里，每家企业都有赢家通吃的机会。

例如“关门海”河豚料理连锁店的股票，2005 年 6 月在东证（创业类）市场上市。3 年前日本产河豚的港口交易价为 1 公斤 1 万日元，现在日本的养殖河豚每公斤虽然降到了 3 000 日元，但是中国产的养殖河豚每公斤才 1 000 日元。在日本光是河豚饲料就得花掉 2 000 日元，所以在价格上根本无法和中国养殖的河豚抗衡。

但是“关门海”努力开发自己的养殖技术，终于把成本降到和中国的一样，所以“关门海”才能够提供一种仅需 5 300 日元的河豚生鱼片、干炸河豚外加杂烩粥的精致套餐。这个价位让中低阶层的顾客也有能力享受“偶尔的奢侈”，于是“关门海”的业绩快速增长，并在股票市场公开上市。

“关门海”之所以能够提供质优价廉的河豚，最主要的原因就是产地直送，中间没有其他环节介入，这一点和优衣库是相同的。

现在，世界已进入采购竞争的时代。美国的零售商已有一套可以到全世界搜寻质量优良、价格便宜的商品，再直接调货、供货的完善系统。省去中间业者的费用，就算把价格定得低一点，也会有相当的利润。美国不少企业就在这种流通革命中被淘汰。

在美国曾经发生过的淘汰惨剧，迟早也会在日本国内发生。所以今后企业必须具备在最适合生产的产地进行生产，并直接把产品送到消费者手上的能力。如此一来，几乎所有产品的成本都可望下降 1/2。在成本下降的同时如果能再提升质量，产品的质量就可以和世界最高质量接轨了。

如果我们能够朝这个方向努力，消费者即使降为中低阶层，也完全不必害怕。因为他们即使收入减少了，也买得起价廉物美的优质商品。

但是日本政府却把降低价格的动作称为“通货紧缩”，不断把钱哗啦啦地送往市场，大演调控通货紧缩的闹剧。由于市场上热钱过多，送出的钱几乎没有利息。对储蓄大国而言，利息越高就越景气。但政府完全不了解我在本书中所强调的国民结构变化、市场心理变化，所以在处理这件事情上摆出了一副执政者眼中无百姓的“姿态”。

关于流通，以日本为例，目前日本的制度限制太多也是个大问题，所以，中低阶层的人必须要求政府彻底废除无谓的限制。日本的中低阶层以世界标准来看尚属上层阶层，所以只要日本开放市场，撤销无谓的限制，中低阶层的人就可以过上相当富裕的生活。

"提高生活质量，降低生产成本"，近20年来，我一直大声呼吁的这两句话，现在终于成为政治的中心议题了。

第三章

中低阶层的意识改革

埋头苦干就会升职加薪的时代已经结束，而工薪阶层甘愿牺牲高水平的生活质量，以承担房贷、车贷、子女教育等高额费用，这样的生活意识需要改变。

重新认识生活形态

老龄社会的烦恼

在前一章，我提到企业必须研究能够应对社会结构变化的市场营销战略。但是需要变革的不是只有企业，每一个个人也都需要有足以应对社会结构变化的生活方式。在这一章，我将针对个人意识改变的必要性，提出我的看法。

虽然说消费者的购买意识、消费行动已经改变了，但是在现实生活中，绝大多数人还是没有注意到社会结构上的变化。面对收入减少、负担增加的现状，人们必须立刻转变自己的意识，重新制定自己的人生战略。

经济长期衰退、收入阶层两极化，导致国民收入减少，中低阶层人数增多，这是大时代的潮流。就是这种变化，让我们的意识产生了某种动摇。

同时与长期衰退的步调相呼应的是，迈入20世纪90年代之后，在日常生活中觉得烦恼、不安的人会骤增。根据日本1991年的舆论调查，不会感到烦恼、不安的人超过50%，这个数字比有此感觉的人略高一点点。但是现在，觉得烦恼、不安的人是没有这种感觉的人的两倍（见图3–1）。据我所知，没有一位政治家或政府官员正视这个问题。

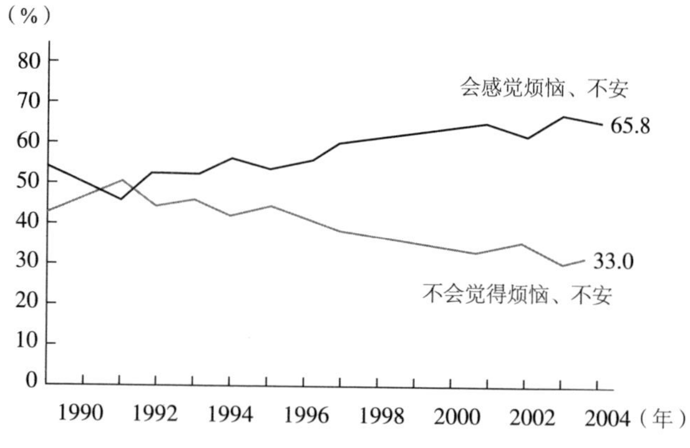

图3–1 在日常生活中感觉烦恼与不安者的比例

资料来源：日本内阁府舆论调查

导致人们烦恼、不安的以“晚年生活规划”的问题居多，其次是“自己的健康”“家人的健康”（见图 3–2）。事实上，日本的年金金额比以高福祉著称的瑞典还高，而且日本是全世界最长寿的国家，但还是有那么多人为自己的晚年生活担忧和不安。

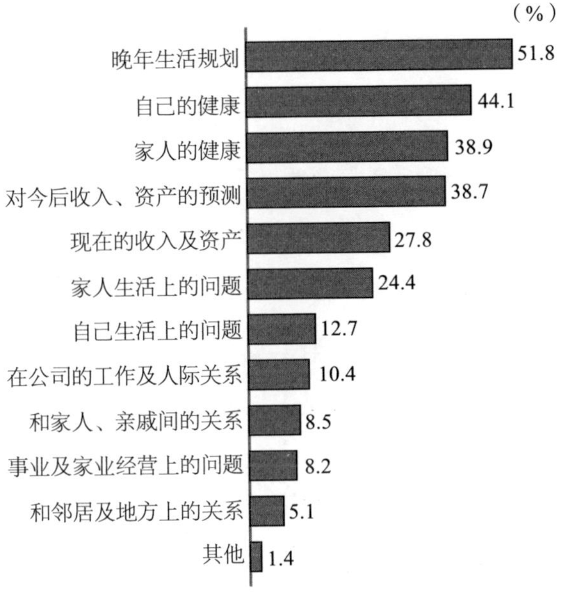

图 3–2　日本人烦恼和不安的事项

资料来源：日本内阁府舆论调查

日本人为晚年生活做了年金、储蓄、保险三重投资。他们把所收到年金的三成转为储蓄，结果过世的时候，往往是存款数字最多的时候，真的是非常讽刺。而且为了这三重投资，日本老人的生活变得非常贫乏。反之，以瑞典为例，国家会动用年金照顾老年人，所以绝大多数的瑞典国民几乎是不存钱的，也没有必要为了以防万一而投保。

此外，虽然日本人的收入在1997年达到峰值之后就开始减少，但是日本人的收入相对世界水平而言仍然属于高水平。如图3–3所示，假设日本的收入指数为100，和世界主要国家制造业劳动者的工资相比，日本仅次于瑞士，名列第二；比美国、英国、德国高出两成至三成，甚至是法国的两倍。即

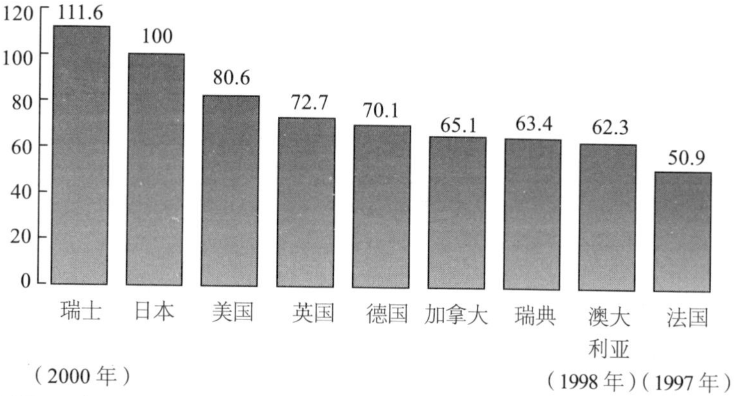

（假设日本的收入指数为100，2001年）

注：把各国生产劳动者平均每个小时或每个月的实际工资换算成日元之后，再和日本的名义工资（实际工资+物价上涨率）做比较。

图3–3　主要国家制造业劳动者的工资比较

资料来源：国际劳工组织

使是日本人的年平均收入也仅次于瑞士，排名第二；连扣除税金之后的实际收入，也仅次于瑞士、美国，排名第三（见图 3–4）。

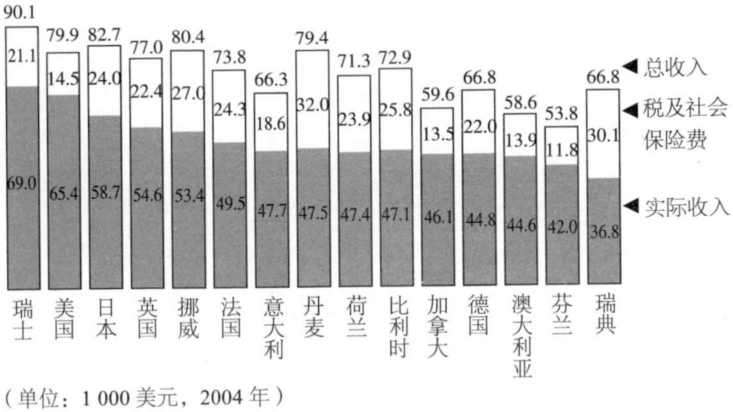

图 3–4　主要国家家庭年平均收入的比较

资料来源：《世界消费者生活形态资料集 2005》（英国 Euromonitor 公司出版）

尽管如此，日本人还是惶惶不安，我只能说是日本人体内的不安基因在作祟。至于不安的根本原因，或许是日本人不懂得安排自己的生活形态吧！

有九成的人认为自己属于中产阶级，所以长时间以来，我们都活在向大家看齐的中产阶级社会价值观里，没有人会去构建属于自己的人生价值观，因此在可自然加薪、升职的制度崩溃之后，人们开始不安，担心自己这一辈子都是中低阶层的一分子。

正在崩溃的中产社会

随着中低阶层人口的增加，觉得生活不够宽裕的人也越来越多。尤其是有孩子的人，觉得各方面都不够宽裕的占了 80%（见图 3–5）。觉得各方面都很宽裕的人（约 20%），不是双薪家庭就是住父母的房子，不需要担心房贷。

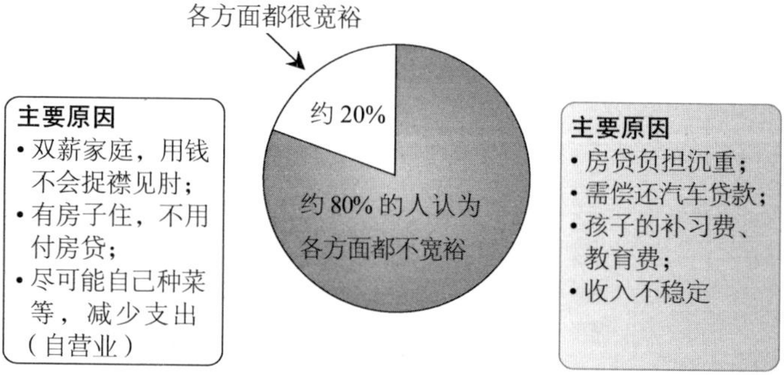

注：调查对象为要养育小学以下小孩、年龄在 30~45 岁之间的人。622 人做出了有效回答，其中男性为 374 人。

图 3–5　养儿育女者的家庭宽裕度

资料来源：《日本经济新闻》（2005 年 2 月 13 日）

另外，根据针对其他经济宽裕度看法所做的调查，1995 年，如果把回答“不太宽裕”“几乎无喘息空间”都列入“不宽裕”的回答计算，所占的比例是 45.1%。但是到 2003 年，这个比例增加到 54.5%（见图 3–6）。

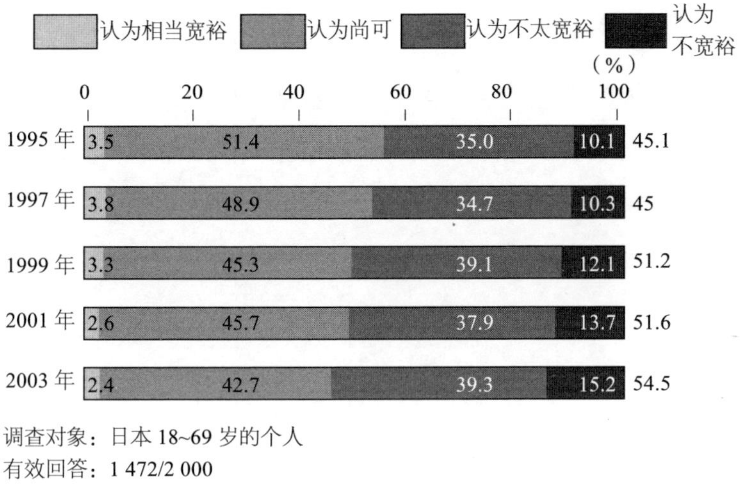

图 3–6　对于其他经济宽裕度看法的调查

资料来源：《生活规划白皮书：2004—2005》

那么，大多数人觉得不宽裕的根本原因到底是什么？我认为这个原因就是大多数人用钱的方式仍然被中产阶级意识牵着走，而未思考应根据自己的收入改变生活形态，将钱花在了不必要的事物上。

例如养儿育女的人，他们觉得各方面都不宽裕的最主要原因有房贷、车贷、孩子的补习费、教育费等，其中压力最大的是房贷。在“家庭负担中排名前 10 的项目”中，选择住宅相关费用的有 45.8%，排名第一（见图 3–7）。有房贷压力的人，可支配收入在 20 世纪 90 年代后半期达到一个峰值之后就开始减少，房贷偿还率，也就是房贷偿还金额占可支配收入的比率也跟着持续增高，现在甚至已经超过了 20%（见图 3–8）。所以这些人会觉得被房贷压得透不过气来，生活完全没有回旋的空间。

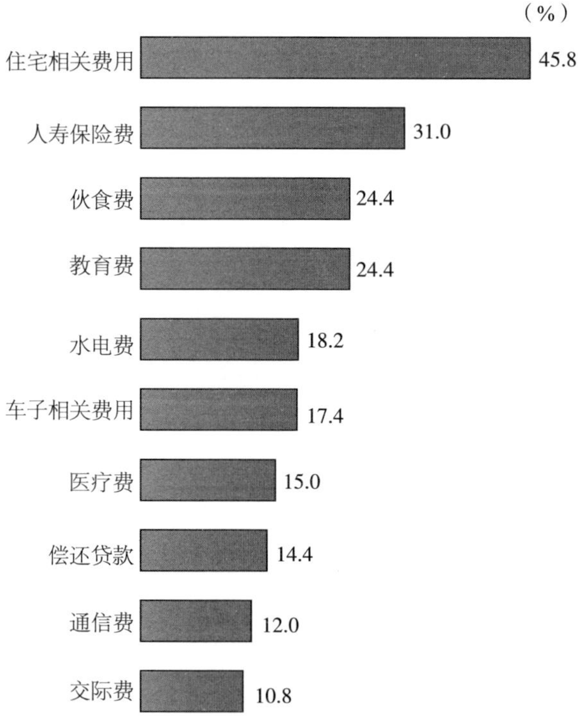

注：调查对象为 500 名家庭主妇，其丈夫年龄在 20~40 岁而且是工薪族。

图 3–7　家庭负担中排名前 10 的项目

资料来源：关于夏季奖金及生活舒适度的问卷调查（日本损保 DIY 人寿保险公司）

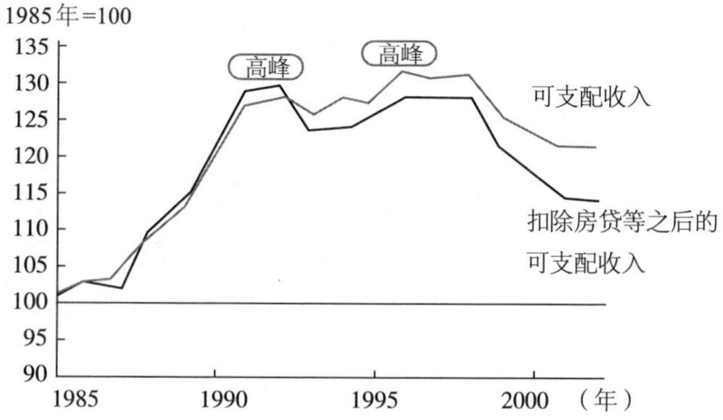

注：工薪家庭平均每个月的可支配收入中扣除和住宅相关的费用后的收入。

有房贷压力者可支配收入的变化

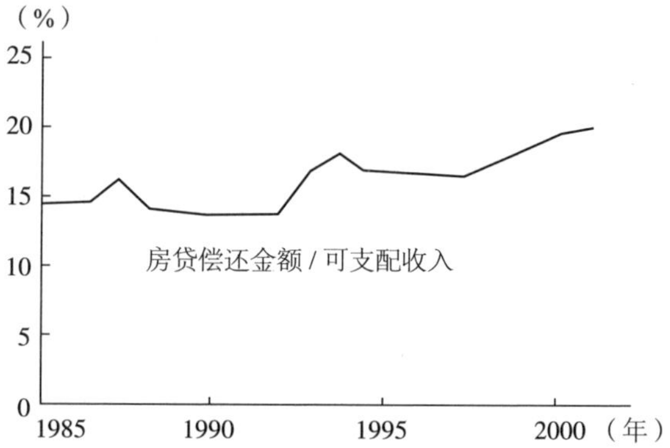

可支配收入大幅减少，房贷压力更沉重。

房贷偿还率的变化

图 3–8　有房贷压力者的家庭环境

资料来源：《国民生活白皮书：2003》

为什么大家这么执着地想买房子

这种执着的购房信仰，其实就是人人都认为自己是社会中坚阶层这一意识的产物。年轻时薪水低无所谓，反正在年功序列的制度下自然会加薪、会升职，所以就算日子过得拮据些，在 35~45 岁的时候都一定要编列房贷预算，买一栋属于自己的房子。如果贷款的种类是 35 年期的长期贷款，就必须一直缴到 70 岁。换句话说，即使退休的时候领了退休金，极有可能也要用来还房贷，而这就是日本工薪族典型的人生模式。

不过，这种人生规划现在已经无法成立。因为累积资历、默默埋头苦干就会加薪和升职的时代已经结束，许多上班族已经开始觉得收入或许不会再增加、职位或许再也升不上去了。总之，以加薪、升职为前提而设定的房贷预算，已经让大家叫苦连天了，所以这根本就是不合逻辑的规划。

“郊外购房”或“租房子＋周末度假小屋”

到底购房有多少好处，让我们实际来计算一下。如果在通勤时间一个半小时车程内的地方买一间售价 5 000 万日元的房子，包括利息在内，支付总额为 7 000 万日元。不过，据说大多数人如果本来想买一间 5 000 万日元的房子，事实上最后成交的都是 7 000 万日元的房子。

如果在通勤时间半个小时车程之内的地方租房子，每个月的租金以 12 万日元计，一年的房租是 144 万日元，10 年是 1 440 万日元。假设上班族一生的工作年数是 30 年，需付的房租是 4 320 万日元。换句话说，不买房子的话，就可以轻轻松松多出 2 500 万日元。

有了这 2 500 万日元，就可以选择在郊外买栋小别墅，或者买间周末度假小屋。如此一来，通勤轻松，周末生活也更富情趣。星期一至星期五的晚上，就算所租的公寓稍微小了点，但是靠近市中心，上下班方便；星期五晚上至下个星期一的早上，可以住进别墅里拥抱大自然。这种生活形态绝对不是梦想。

如果家人希望过田园生活，也可以自己一个人在市中心附近找一间小公寓享受单身生活，周末再陪家人一起住别墅。这个时候，可以把房租的额度减少到最低限度，然后用剩余的钱提升别墅质量，或用在充实娱乐生活上。

这只是换个想法的例子。总之，抛开世俗购房的成见，为自己量身打造一套属于自己的住家，就可以过得更充实、更富裕。

对于购房，现在年经人的想法已经开始转变了。20 世纪

90 年代中期之前，三十几岁、在首都圈工作的上班族，可以容许自己花一个半小时的时间通勤。但是现在抱着“要花一个半小时通勤，宁可不要房子”这种想法的年轻人越来越多。因此即使是在外租屋，也必须符合通勤轻松的条件。在进入市中心越快越好的需求下，以前距离市中心一个半小时车程的卫星住宅区，现在都变成了“鬼城”。

如果中低阶层的人都这么选择，位于大都市郊区的房子的需求量就会急速滑落，而邻近市中心、质量佳、感觉好，有“憧憬自由之丘”气氛的出租房屋势必大量推出。

事实上，都市开发计划就是朝这个方向迈进的。例如，JR 东日本公司大规模开发上野至品川之间的土地，尤其是在汐留至田町、滨松町（此区域离市中心车程一二十分钟）之间盖了数量非常可观的住宅楼，就是最好的例子。我个人预测，上野到品川沿线将来会变成日本的曼哈顿（见图 3–9）。另外，东京湾岸的海埔新生地，由于许多企业都把生产据点移到中国等外国的城市，现在已经变得空空荡荡，到处都是无法再使用的废弃厂房。如果在这里建高层住宅楼出租，一定可以提供大量低价的、距离市中心只要 15 分钟车程的房子。

如果连中低阶层的人也租得起邻近市中心的优质房屋，今后

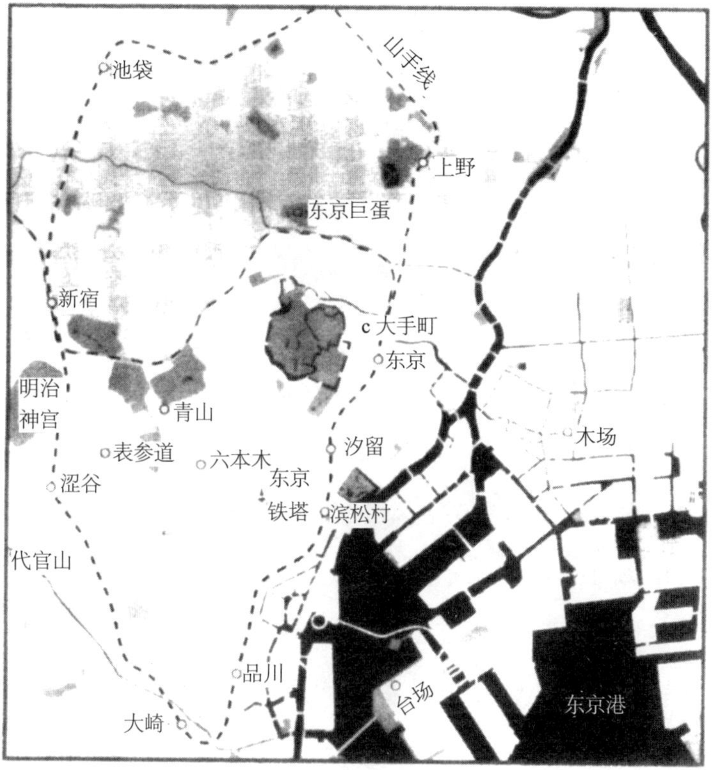

图 3–9　日本都市开发计划预测

采取“租房子 + 周末度假小屋”生活形态的人一定会越来越多。

关键就在意识的转变。例如，亚洲人不论住多小的房子，都一定要买洗衣机。但是美国从 30 年前起，住小公寓的人就用投币式洗衣机了。我们在抱怨没有地方放洗衣机之前，应该先想想为什么一定要有洗衣机。只要抛开中产社会里许多根深蒂固的观念，每个人都可以选择适合自己的生活形态。

都市人一定要买车吗？

住在都市里的人，除了不需要购房外，更不需要购买车子。30年前因收入阶层两极化，美国的消费者心理也产生了很大的变化。“反正买车也要贷款，干脆需要的时候再租好了。”当这种想法成了都市中一般人的基本观念后，出租汽车业即成长为巨型产业。

现代日本人的买车情结和拥有房子的信念一样强烈，所以租车市场的规模非常小。虽然现在随着加薪、升职更换高档车的“汽车 = 身份地位”的意识不再强烈，而是让低价位、感觉还不错的小型车成了新宠，但是在买车之前还是应该试着再问自己一次：“我真的需要买车吗？”

除了自己的车子没有其他任何代步工具的地方要另当别论，都市里的公共交通工具十分便捷，必须要用自己车子的机会实在是少之又少。买一辆车，除了购车款，每个月的停车费需要几千日元，如果把车检费用、牌照税等也算在内，光是养车费用平均每个月就要上万日元。假设每周才开一两次，还是租车比较划算。而且只要大家都弃买车为租车，租车产业在相互竞争之下一定能够提供更便宜、更优质的服务。

美国及欧洲有些地区采用的形式是和朋友拼车，而且美国有些州还设计了高乘载车专用道路，乘车人数较多的车子可以优先行驶。这种设计对老是出现高峰时段塞车的大都市而言，应该非常有效，值得采用。当然实行的大前提是，必须先舍去“买车情结”。

另外，现在买车的时候，人们大都会加装价值约上万日元的全球卫星定位系统（GPS）。在安装之前，大家应该先想想这套系统真的值这么多钱吗？买一本路况地图好好利用的话，全球卫星定位系统的必要性到底还有多少？另外，将买车到换新车这段时间内这台车的全球卫星定位系统被使用的次数，用安装价一除，或许你就会惊叫“每次使用的单价贵得这么离谱，还是不要安装了”。

德国车的全球卫星定位系统全是日本生产的，因为连买奔驰、宝马等高级车的人，通常也都不安装全球卫星定位系统，所以德国本土并没有制造全球卫星定位系统的厂商。

开车频率因人而异，不要因大家都装而装，我们一定要懂得自行判断全球卫星定位系统是否有安装的价值。

当然，想花大价钱购买连在哪儿开都不知道的越野型休旅车的人，不在我讨论的范围之内。因为日本根本没有可以开这种休旅车的地方。一般来说像林道这种地方，通常都会在入口处写着“禁止入内”。像我这么热爱越野摩托车的人，跑遍了日本都找不到一处可以痛快操纵四轮驱动车、越野摩托车的天堂。

此外，每到周末，我们都可以看到上班族呼朋引伴地在洗车场拼命洗车，这种举动实在令人费解。花大价钱买几乎没开的车，又把周末的大好时光用来洗车，我相信把这么多的时间和金钱用来增加自己的实力会更划算。

例如月薪 50 万日元（年收入是 600 万日元）的人，他的时薪就是 3 000 日元。洗车花掉两个小时，就等于浪费了 6 000 日元。如果每周用这两个小时上经营管理课程，一年的上课时数就是 100 个小时。这是让自己年收入跻身 2 000 万日元行列最有效的方法。在我创立的经营研究所中上 MBA 课程，总费用是 250 万日元，金额正好和两年内不买车而额外省下的钱数相同。换句话说，用这笔钱来培训自己经商的实力，就可以取得工商管理硕士的学位。支出的费用明明相同，但是如果有人认为学费就是比车费贵，建议不妨思考一下对增加薪水而言，哪一种支出比较有效。

该为孩子教育付出的不是钱

根据图 3–5 的问卷调查，日本养儿育女的人中，约有八成的人回答“各方面都不宽裕”。在“家庭负担中排名前 10 的项目”里，教育费和伙食费并列第三（见图 3–7）。在日子过得这么苦的情形下，真的有必要让孩子去补习吗？这也是我们必须重新思考的重点。

根据日本厚生劳动省《国民生活白皮书》的资料，2003 年养育一个孩子的费用约为 1 300 万日元。但是文部科学省 2002 年在“孩子学习调查”“学生生活调查”中所提出的数字是，除了小学，如果小孩读的都是私立学校（幼儿园、初中、高中、大学），学杂费、生活费加起来，必须花 1 800 万日元以上。如果连小学都念私立小学，费用很容易跨过 2 000 万日元大关。另外，在年收入未满 1 000 万日元的家庭里，如果有一个孩子上高中或者上大学，教育费就占了收入的 35%。难怪养儿育女的人会认为生活拮据。

但是事实上，没有任何证据足以证明把钱花在教育上是值得的。仔细瞧瞧缴高额税金者的名单，几乎没有一位是从一流大学毕业后就进入一流企业工作的人。“把钱花在教育上是浪费”就是现实中的状况。上补习班的孩子，很多都是靠便利商店的便当、方便面解决三餐，这对孩子的身体成长和脑部发育是一种严重的伤害。但是面对这么多的负面因素，父母还是拼命让孩子去补习，希望孩子挤进一流学校或名牌大学。

现在日本的教育制度还是停留在工业化时代，也就是说，日本的教育是在生产高于平均水平之上的人才。很讽刺的是，在今天的日本教育体系下，被教出来的“优秀”孩子并不适合未来时代的需求。从小即被刻意栽培的人非常脆弱，进入社会之后，不是不会工作而惨遭裁员，就是根本不就业，甚至因为没有就业的动力而沦为尼特族。家庭花费在孩子教育上的金钱和得到的成果，似乎扯不上任何关系。

因此，做父母的与其为这种无意义的事情浪费金钱，不如多投资些时间在孩子身上。父母本身就是活教材，把社会的残酷面告诉孩子，指导孩子如何突破困难、冲过险境是非常重要的。父母必须让孩子有经得起大风大浪考验的勇气和韧性。

这并不是一件困难的事。父母只要常和孩子对话，就可以和孩子一起分享自己在社会上的经验，同时，也可以趁机聆听孩子聊学校的事情，了解孩子的想法。要培养孩子的人生观和人生哲学，亲子之间的沟通对话是绝对必要的。

不管是学校还是补习班的老师，都无法教导孩子人生的意义和生活方式。因为学校里的老师通过资格认证之后，即吃定了这个“铁饭碗”，但是这些老师的社会经验值大都等于零。一个不曾被社会上的狂风巨浪吞噬、不曾受上司欺负、不曾被同事打压、不曾为转业而烦恼的人，当然无法教孩子认清人生的意义和生活的方式。

把孩子的教育问题全推给没有外出工作的母亲，孩子的母亲再把孩子托付给家庭教师、补习班老师，这是最糟糕的模式。因为家庭教师、补习班的老师完全不会教孩子信念、哲学等和人生观相关的知识，所以孩子根本没有走过风雨人生该有的智慧与悟性。总之，最恐怖的事莫过于把孩子的教育“外包”了。

重新检视无谓的支出

现在大家明白，受到中产阶级意识的影响，在无意识中买房、购车、为孩子交补习费是多么没有意义了吧！重新评估这三项支出，至少可以省下近千万日元的房屋费用（如果不买别墅的话）和数万日元的汽车养护费（如果把购车款一并计算的话，可省下的金额至少在 1 000 万日元），另外教育成本也可以减少百万日元之多。这对中低阶层的人来说，等于可支配收入多出了一两千万日元。

多出的这些钱又该怎么使用呢？做决定之前，一定要和家人仔细商量，至少夫妻之间一定要彻底沟通，获得完全的共识。

以前上班族都以加薪、升职为前提来规划自己的人生，所以直接把社会的平均值视为个人的期望值。“至少像别人一样有间属于自己的房子”“车子要这个等级才说得过去”“希望孩子能够进这所学校”等想法就在这种情况下产生。换句话说，夫妻之间不必经过任何沟通就默认了这种期望值。但是现在这个大前提已经崩溃了，所以大家必须从根本上重新规划自己的人生。

首先，要排除基于中产阶级意识所产生的期望值，以现在的价值来看自己在公司未来发展的可能性，以及今后收入增减的可能性，和妻子好好评估沟通，取得共识。例如，对于自己的未来，最好老实告诉妻子：“在公司的升迁或许到此为止了，年收入百万日元已是上限，过了 50 岁收入还有可能不增反减。”如果不说实话，就算重新为未来画了一幅新的蓝图，也会错误百出。

夫妻在沟通中对未来看法不一所产生的落差，有可能成为未来家庭矛盾的导火索。我认为夫妻之间的对话会进行不下去的最大原因，通常都是“共识失焦”。

管理自己的生活形态

“如果收入减少了怎么办？”日本人非常不善于用这种假设法进行对话。原因是平日不沟通，一旦用假设法，就会陷入口角。

丈夫说：“或许不会再加薪，不会再升迁了。”妻子可能马上攻击：“你满脑子都是这种想法，没出息！”“真没想到你是这么窝囊的男人！”“你比你的同事A先生能干，就是升不上去，真是奇怪！”就算妻子发脾气，做丈夫的还是应该实话实说：“因为A先生的业绩比较好嘛！”“我们部里有个大我5岁的学长，工作忙得要命，薪水还是那个样子。我或许会跟他一样，也有可能比他还糟糕。”总之，夫妻之间必须假设各种情况，进行彻底沟通。

反过来说，如果面对家人三缄其口，不愿意说实话，反而会越来越不幸。现在许多家庭的晚餐时间不但被看电视霸占，甚至连餐桌上的话题也离不开电视。世界虽然很大，但是边吃饭边看电视的家庭恐怕只出现在亚洲国家吧！同是一家人，却不沟通、不维系彼此的感情，真是一大不幸。

大胆地用假设话题进行沟通吧！以车子为例。“一般新车大约开个5年就换了，所以我想一开始我们就买辆便宜点的车，或许也可以撑过5年，如何？”这种假设语气可以改变家人的思路。“我们也可以选择不买车，而用租车的方式。一年下来可以省不少钱，生活方面就会宽裕很多。没车带来的不方便好像也还好。”我建议不要在对话的一开始就下结论，而要设法诱导家人讨论各种可能性。

对于孩子的教育也是如此。“强迫孩子补习、读私立学校，真的是为了孩子着想吗？”以此为引言，继续讨论下去，家人或许就会明白，强迫孩子补习、上学费昂贵的私立学校未必是必需的。如果家人认同了这个看法，就会发现有一笔为数不小的钱浮出水面了。如何有效运用这笔多出的钱，全家人可以集思广益，彼此协商。

通过这种对话，我想妻子或丈夫对彼此的个性应该会更了解。例如谈到车子的时候，妻子或许会说：“你说什么？我最讨厌这种轻型车了。买这种车很难为情，我绝不会开这种车去买东西。”

对于孩子的教育，不管采取什么对策，大体上应该是夫妻双方都同意的。因为不管父亲多严厉，只要做母亲的宠爱有加，孩子就会马上黏在母亲身边。所以对于教育方针，夫妻俩一定要有共识，观点一致地亲近孩子。

尤其是中低阶层的人，对于有限的收入、资产、时间更应该重新思考，才能够使人生更充实，因为可用的金钱和时间都是有限的。如果想在未来活得更好，经营并管理自己的生活形态是必不可少的。

偏见让生活变得贫乏

消费者无意义的偏见

在日本，年收入600万日元以下的中低阶层，以世界水平来看仍属上层阶层。就算是在美国，进入上层也是绰绰有余。澳大利亚人均年收入（一家四口3万澳元，约等于255万日元）只有日本的一半，但是他们的日子却过得十分悠闲，一年里有一个月都在度假。

为什么日本中低阶层的生活会过得这么捉襟见肘呢？究其原因，一言以蔽之，就是重重限制和市场封闭所带来的高物价，同时我认为日本人本身的偏见也是原因之一。

日本人的偏见渗透各个领域，无所不在。以东京的住宅价格为例。为什么东京东侧的房价比西侧的房价高出一大截？我们以大手町为起点，向西走 15 分钟是青山、六本木一带，再稍微往下走是代官山一带，这些地方全是地价超高的高级地带，但是从大手町往东走 15 分钟的东阳町、木场，不论地价还是房租都只有西侧的 1/2，甚至是 1/4，所以首都圈的房屋价格表就是一张充满偏见的地图。

只要治安条件不差，同样的通勤时间，我当然选择住宅价格或租金更便宜的住宅区。如果把偏见抛在脑后，凭理智做合理的判断，木场一带成为高级地段的可能性就会大幅提升。选择时不带偏见，可以缩减通勤时间、租金便宜的机会真的到处都是。中央线沿线也是大家眼中的高级住宅地带，但是只要目睹过上班时段如炼狱般拥堵的惨状，就会明白“高级”这两个字用在这里实在不当。

日本的消费者常以无意义的坚持勒住自己的脖子，例如，草莓大小不一不买，甜度未达顶级指标不买，结果商品的价格居高不下。另外，把樱桃、哈密瓜装在桐木盒子里卖的也只有日本，而煎饼之类的食品，外包装更是一层又一层。连最后要丢在垃圾桶里的东西都得花大价钱，日本消费者的神经质真的是严重到了极点。

最近无农药蔬菜成了热销产品。其实这些标榜无农药的蔬菜，大都是用非指定农药的其他药品所栽培出来的蔬菜。如果真的不用农药，超级市场就见不到一条条直挺挺的小黄瓜和一个个鲜艳的番茄了。真的要让消费者吃得安心，超级市场应该直接贩卖不洒农药、弯弯曲曲的小黄瓜。可是店家说："没办法，消费者不买那种小黄瓜。"消费者选择商品的标准完全不合乎逻辑。

日本的消费者是世界上最严格的消费者，换个角度来形容，也可以说是观念最狭隘的消费者。

例如，中国台湾的家具席卷全世界，但是在台湾从事手工家具的业者却说"绝对不出口到日本"，理由是日本销售家具的公司太严格了。美国的公司也很严格，但是美日严格的方式却大不相同。

日本的家具进口商、销售业者，不但会查看桌、椅产品的内侧，还会把抽屉一一抽出来，倒过来查，只要发现一点点瑕疵就退货。这对经营高级家具的业者而言风险极高，所以当然不卖给日本人。

美国的业者也一样会仔细检查，但是发现有瑕疵时会说："打七折吧！"这对台湾业者来说，虽有风险但可接受，所以就打个折扣卖了。结果美国的消费者就可以用折扣价买到在看不到的地方有些小瑕疵的商品。

日本的严格让只有一点点瑕疵的商品的价值瞬间变成零，与此同时，也剥夺了消费者选择的权利，这么做根本毫无意义。业者坚持"连一点点瑕疵都不允许"，再次显现了日本人偏执的思考模式。这和不买弯曲的小黄瓜一样，都是日本人的一种偏见，这也是日本物价居高不下的一大原因。

充满矛盾的疯牛病对策

在处理疯牛病问题的时候，日本人把自己特有的偏见发挥到了极致。2003 年 12 月，美国发现感染疯牛病（BSE）的牛之后，日本政府立即禁止美国牛肉进口，日本国内各媒体更是大肆报道"必须检查所有的牛，否则会有危险"，并引起骚动。

为此，日本成了美国各团体抨击的目标。其实动动脑子想想就知道，日本会受抨击是理所当然的，因为日本禁止美国牛肉进口在理论上根本站不住脚。

之前，日本也发现了 20 头感染疯牛病的牛，那么，为什么日本牛肉没问题，而美国牛肉就有危险呢？这种做法真的非常不讲理，难怪日本会被世界各国视为“偏执之国”。

瑞士的做法是只要去除骨头等特定部位就安全，这才是理所当然的对策。

禁止美国牛肉进口之后，日本国内的牛肉价格一路飙升到最高点。牛肉对中低阶层的人而言，成了高不可攀的人间极品。已经吃亏的日本消费者面对这种情形，照理说应该非常生气，可是在媒体“解除禁令进口美国牛肉是危险的”宣传之下，反而感情用事，倾向反对解除禁令。自己明明是受害者，但眼里却只有“吉野家的命运”，而不知道用大脑想一想为什么国产牛肉没问题，美国牛肉却不行。

政府相关部门其实应该在牛肉制品上面标清楚“美国牛肉，已去除特定部位”“美国牛肉，接受了和日本牛肉相同的检查”“国产牛肉”，然后让消费者自己做选择。所以日本的消费者应该提出疑问：“相关单位剥夺我们的权利，全面禁止进口美国牛肉，莫非是为了国内少数畜产团体的利益？”但是日本的消费者竟然没有怨言，真是奇怪。

2005 年 12 月，日本终于解除禁令，继续进口美国牛肉。一连串的闹剧让全世界的人对日本人的偏见印象深刻。

不相信自己舌头的日本消费者

我认为世界上最好吃的牛肉是阿根廷的牛肉，但是阿根廷的牛肉并没有进口到日本，所以知道这一点的人并不多。因为日本以口蹄疫为由，全面禁止阿根廷的牛肉进口至日本。为什么不是只针对发生口蹄疫的牧场及周边地区发出禁令，而是不分地区全面禁止进口呢？这种做法和处理疯牛病问题如出一辙。不管如何，反正在日本就是吃不到最好吃的牛肉。

我以前受澳大利亚牛肉协会之托，对日本的主妇进行过问卷调查。现场我们准备了分别用日本牛、澳大利亚牛、美国牛做的牛肉料理，在不告知牛肉产地的情形下，请主妇们品尝，并请她们回答哪一种牛肉最好吃。其中澳大利亚牛、美国牛还各自分为草食牛和五谷杂粮饲养的牛。未做问卷前，听说在澳大利亚，草食牛比较受欢迎，而在日本，因为以五谷杂粮所饲养的牛很少有腥味，所以人气较旺。我们就用这五种牛肉分别做成烧肉、寿喜烧、牛排，请主妇们品尝，并在她们中做问卷调查。

结果，获得压倒性一致好评的竟然是澳大利亚以五谷杂粮饲养的牛，也就是最不受主妇欢迎的一个品牌。但是实际请她们吃过之后，她们却异同同声地说：“这个最好吃。不管是做成烧肉还是牛排，味道都很不错。”不过，当我宣布这是澳大利亚以五谷杂粮饲养的牛时，她们竟然马上改口说“难怪我觉得有股怪味道”，这让我当场错愕。这真是偏见的极致表现。那一瞬间我真想脱口呐喊：“你们的味觉有问题吗？”

日本的肉牛品种来自美国，喂食的五谷饲料也来自美国。为什么只有在日本饲养的牛才好吃？我真的不明白国产牛肉比进口牛肉美味的道理在哪里。

真正享用过澳大利亚牛肉、阿根廷牛肉的人，绝对不会吃肥滋滋的神户牛。日本人把霜降牛肉当珍品，但是在澳大利亚，大家称这种油脂纹路像大理石的牛肉为大理石牛肉，并以“脂肪含量过高，有碍健康”为由禁止贩卖。

一般来说，日本的牛进入催肥期后，即以人工方式大量喂食，等牛肥腴硕大之后才制成肉制品，让消费者产生“油脂多就是味美”的错觉，再以 4 倍高的价格卖给消费者。

最近澳大利亚开始饲养迎合日本人口味的牛肉，再出口至日本。也就是说，和日本人养的“和牛”一样，持续大量喂食安格斯牛（在英国安卡斯郡，经过改良的小型专用肉牛），把原本 12 个月喂完的谷物饲料，挤在 6 个月之内喂食完毕，让牛长得很肥。然后让霜降牛肉，也就是大理石牛肉，以“和牛”之名出口。我再重复一遍，这种牛肉在澳大利亚是公认的有碍身体健康、禁止贩卖的肉。

日本人的“国产信仰”

从牛肉的例子即可确定“国产品安全美味”的观念毫无道理。但不仅是对牛肉，日本消费者对于其他食品、制品都有根深蒂固的国产信仰。

我到澳大利亚的时候，听说当地有人栽培适合日本人口味的芦笋，即对此展开调查。结果我发现这些芦笋的出口地就是北海道的北连（北连农业合作社联合会）。除了芦笋，标榜北海道生产的马铃薯、花椰菜，事实上也都来自澳大利亚。这些信息可能有些老旧，根据我的调查，十胜葡萄酒因为只用日本产的葡萄酿制，不够香甜，还刻意混合保加利亚的葡萄一起酿制，或许现在还另外加混了桶装葡萄酒。

我并不是要批评北连、十胜葡萄酒，反而我非常肯定他们所做的努力。问题是日本人心目中的国产信仰，以及和国产信仰表里一致的偏见。当然，故意伪装国产品企图牟取暴利另当别论，不过我认为只要提供者的出发点是希望将世界其他地方更物美价廉的产品提供给消费者，就算是崇高的商业行为。

又比如，日本的玄蛤事实上几乎都是朝鲜的产品。日本经销商把来自朝鲜的玄蛤埋在日本的海滩“畜养”一小段时间后挖出来，再标为国产品。因为如果直接标“产地为朝鲜”，日本人会马上掉过头不理不睬，所以经销商才会这么大费周章。连赶海拾潮（趁落潮时到海滩捕拾鱼贝类的游戏）时，大家所看到的玄蛤，事实上也大都是从朝鲜带过来撒在海滩上的。所以有人笑说，如果限制朝鲜籍的船只入港，富津、金泽八景等地方就无法进行赶海拾潮游戏了。

同样，来自中国的鳗鱼，只要让它们在滨名湖游上一个星期，就变成了产地为滨名湖。2005 年《JAS 法》(《关于农林物质规格化及质量标示合理化法》）修正之后，规定每一种产品都必须标原产地，可是原产地的定义本身就有极大的灰色地带，所以像玄蛤、鳗鱼这种标法也就过关放行了。以前的做法是让鳗鱼在中国维持白烧（不沾调味料素烤）状态，进口到日本之后蘸上酱汁再烤一次，就可以标为国产品，简直是把消费者当傻瓜。甚至在日本国内也有这种情形，例如但马牛，在近江加工为肉制品后就成了近江牛，在松阪加工就成了松阪牛。

这种欺骗行为之所以会这么盛行，原因无他，只因为日本人对产地有偏见。

有名的淡路岛洋葱，事实上产地大都在中国。这些洋葱进口到日本之后，只是去掉泥土，再分级筛选大小而已。而垄断日本市场的淡路岛线香，也是在中国拌上原料、经过挑选进口至日本之后，再标上淡路岛字样而已。

日本茶尤其重视“使用国产茶叶”，但是日本企业却在中国浙江省铆足了劲生产绿茶。为什么这些企业就是不敢光明正大地大声说，“这些是在中国用和日本相同的技术栽培出来的中国茶”？另外，在日本绿茶当中，不知何故消费者就是独爱静冈茶。事实上，大多数的日本国产静冈茶都是在鹿儿岛生产的。

看了上述这些例子，大家心中一定有个大问号：“日本真的有纯正的国货吗？”以日本国产衬衫为例，衣料可能来自埃及或土耳其，价格便宜的或许是在中国生产的。扣子的部分，可能在菲律宾制造，但是在日本进行加工（缝扣子）。因此严格说起来，像这样的产品根本无法判断是在哪里制造的。甚至有的时候，整件衣服都在中国缝制，日本只负责把商标缝上去。

国产电视也是如此。姑且不论一半以上的零件都来自中国，日本的消费者买电视的时候一定会先区分国产或非国产，然后情愿以双倍的价钱买下国产品。

在经济全球化的时代里，竟然还坚持非国产品不买，真是匪夷所思。为了保护国内少数利益集团，将国产信仰灌输给消费者，其目的是阻止市场开放，这是日本政府的一种欺瞒手法。日本政府公然袒护少数利益团体，就是对全体国民不忠诚。对于政府阻挠全民过富裕生活一事，现在全体国民也逐渐有所警觉了。

抛弃偏见，快速提升生活质量

消费者在政府及业者的欺骗之下，被迫购买高价产品，所以生活不够富足的中低阶层应该站出来强烈要求："请给我们购买更便宜产品的权利！"

到美国第三大连锁零售店彭尼公司走一趟，你会发现澳大利亚、巴西制造的家具售价竟然只有日本的1/4。澳大利亚的家具不但大量使用加工制成肉制品之后剩余无用的牛皮，还请意大利设计师精心设计，所以给消费者的感觉非常好，最重要的是售价真的比日本便宜太多了。不仅家具质高价低，连窗帘、床罩、照明灯具等和生活起居相关的产品都非常便宜。

再到沃尔玛或其他零售店去看看，售价才4.8万日元的DVD等廉价产品处处可见。

美国这个国家原本有非常严重的种族歧视，但是为了提升国家的活力，它开放门户，接受来自全世界各国的人，所以现在这种偏见已不多见。如果谈及美国的中低阶层为什么可以过着丰衣足食的生活，我认为原因无他，就是美国人没有偏见。例如日产 FAIR LADY-Z，1969 年一上市，不仅在日本大受欢迎，连在美国都拥有超人气，让原本来势汹汹的欧洲跑车在美国完全卖不出去。接着马自达的 RX-7 登场，把保时捷驱逐出境。现在韩国生产的索纳塔汽车在美国的业绩一路飘红，与这款车同级的车当中，卖得最差的竟然是奔驰。

美国的消费者按照价格和质量选商品，只要“大致相同，这个比较便宜”，就买便宜的。他们没有偏见，只相信自己看到的、摸到的和使用过的经验。这一点和不看商品、只认名牌的日本消费者完全不同。

当然，日本的消费者当中，已经有人开始做聪明的选择了。例如，年轻女性会利用网络购买“维多利亚的秘密”。“维多利亚的秘密”是时下非常受欢迎的内衣品牌，一件时尚内衣才卖 1 500 日元，价格只有日本名牌的 1/10，难怪聪明的女性都趋之若鹜。到纽约、洛杉矶走一趟，更会发现不仅“维多利亚的秘密”专柜，连 ZARA、“香蕉共和国”等专柜都挤满了来自日本的女性消费者。

我认为日本的商品价格之所以居高不下，有九成是政府和业界的问题，有一成则是消费者个人的偏见所造成的。因此，首先要抛弃偏见，下定决心——“收入虽然减少，也绝对不让生活质量下降”，并要求政府撤销不合时宜的限制，排除无实际作用的渠道商，然后利用国际网络，尽一切可能以最便宜的价格买到优良产品。

只要积累了相当的经验，相信即使中低阶层的人也可以过上舒适而宽裕的生活。

收入阶层两极化和中低阶层的扩大，是社会结构产生变化所造成的，但要提升生活的质量，却不能仰赖社会结构，而是要靠每一个人改变看法。

第四章 过好日子的处方

如何让中低阶层跃向上层阶层？如何让中低阶层过上幸福的生活？政府亟须对外开放市场，对内打破官商利益链条，废除无用的保护制度，多替国民想一想，这是一条必由之路。

市场开放，生活发生“质变”

物价昂贵的真相

如前所述，美国比日本早 30 年经历长期衰退，在那段时间美国也和现在的日本一样，不但收入阶层两极化，中低阶层也开始扩大。而美国之所以能够摆脱长期衰退，其中一个最大的原因就是在里根总统任职时期，彻底开放市场并放宽各种限制，结果让美国的社会转变成即使中低阶层的人也可以过着富足生活的“生活者大国”。

虽然以世界水平而言，日本属于高收入国家，但由于物价太高，中低阶层的人无法实际感受到富足的生活。造成这种现象的根本原因就在于日本市场的封闭性。

日本的食品贵得离谱，我们把日本主要食品的零售价格和其他国家的进行比较就会发现，米价是美国、新加坡的4倍，是澳大利亚的3倍；面粉价格是美国、英国、新加坡的2倍；牛肉价格是澳大利亚的5倍，是新加坡、美国的4.5倍；连橘子价格也是一般国家的2~3倍，甚至比英国贵了三成之多；马铃薯、洋葱等蔬菜价格也几乎都是别的国家的2倍（见图4–1）。

这些食品之所以这么贵，是因为日本的农业生产效能是全世界最差劲的。

如图4–2所示，日本在相当于美国1/80的农业土地面积上，挤进了和美国相同的农业人口，也就是说日本在平均每100公顷的农业土地上所使用的人数约为美国的70倍、澳大利亚的476倍。但是日本农业补助金的绝对额不但比整个欧盟的多，相对于农业生产额的补助金比例更高达58%，名列世界第一。所以日本现在的情形就等于政府拿补助金在养一群挤在狭小农业土地上的农民。

日本从1965年开始实施土地改良长期计划，至今已经发放了4次以农业基础事业费为名的补助金（见图4–3）。这些持续发放的资金，至2006年的第四次计划为止，所累积的投资金额事实上已达 75 万亿日元。

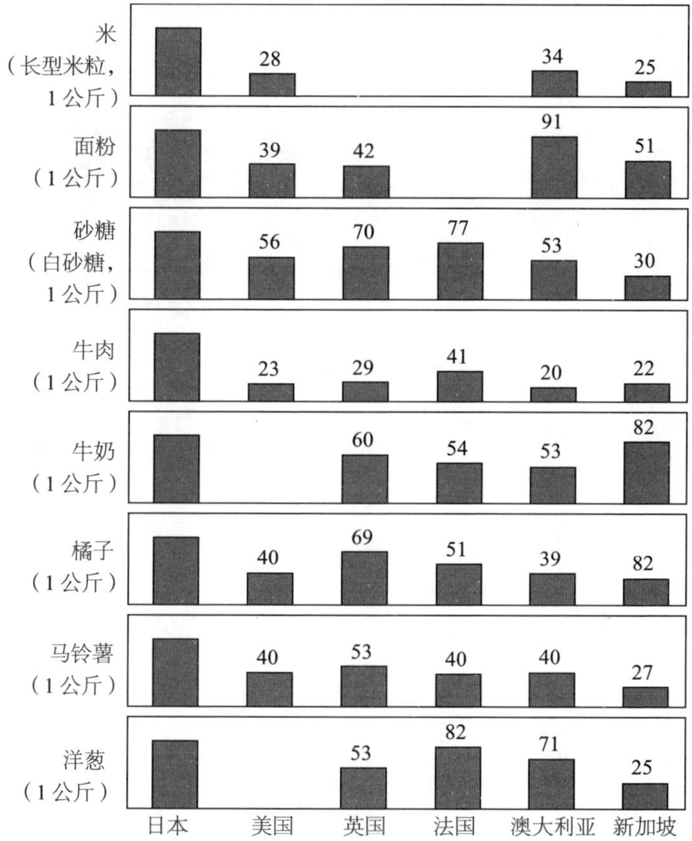

（空白栏：无资料。以汇率换算各国货币）

注：原则上以 2003 年 10 月的数值为准，法国是 2002 年的数值，澳大利亚的数值是 2003 年 3 月的。

图 4–1　日本主要食品零售价格和其他国家的比较

资料来源：《世界统计：2005》

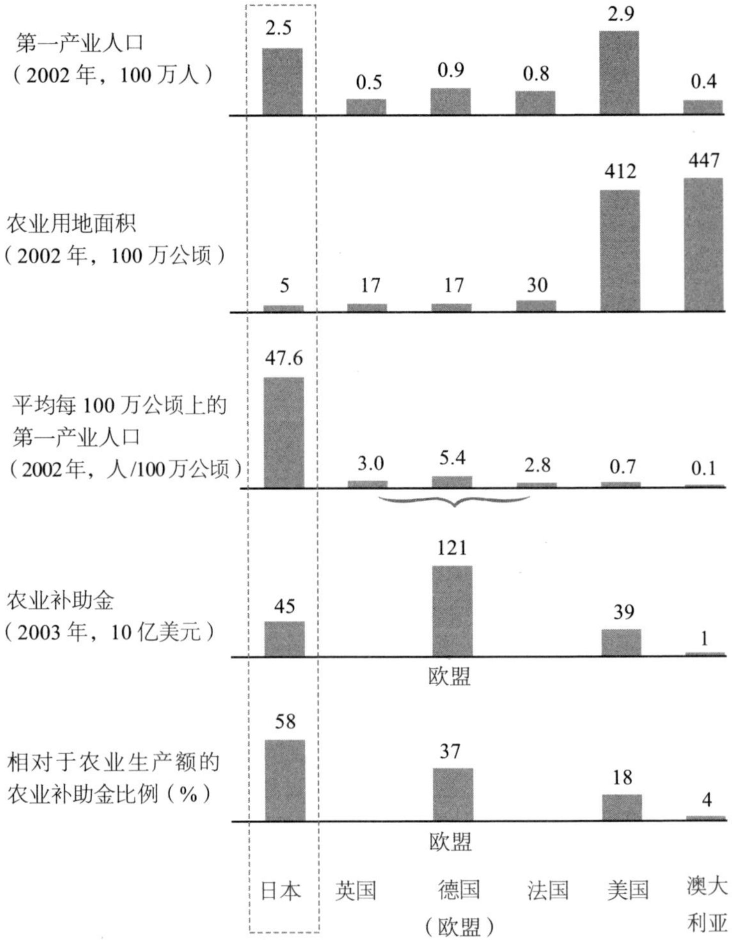

图 4–2　关于农业的各种比较

资料来源：联合国粮农组织统计（2004 年农业政策一览），经济合作与发展组织

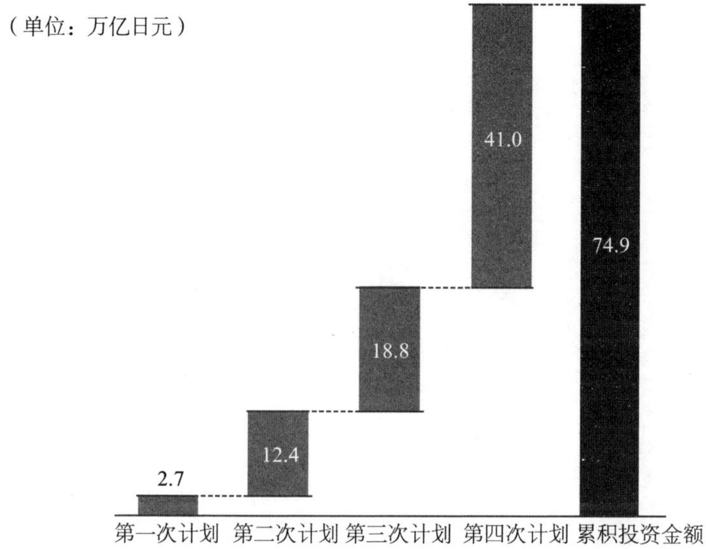

	第一次计划	第二次计划	第三次计划	第四次计划
期间	1965—1972 年	1973—1982 年	1983—1992 年	1993—2006 年
主要方针	• 农业机械化	• 发展高效农业 • 重组农业生产	• 实现富足的农业及农村 • 强化粮食自给自足	• 建设高福祉农村

注：第一次至第三次为实际成果值，第四次为预算值。

图 4–3　土地改良长期计划中的农业基础事业费

资料来源：日本农林水产省

75 万亿日元可以买下澳大利亚绝大部分的农业用地，或者美国近六成的农业用地。如果把以嘉吉公司（一家全球性的食品、农业和提供风险管理产品与服务的供货商）为首的世界四大谷物食品供应公司买下来，也只需 9 万亿日元。由此可知，75 万亿日元是多么庞大的一笔资金（见图 4–4）。当然，因为

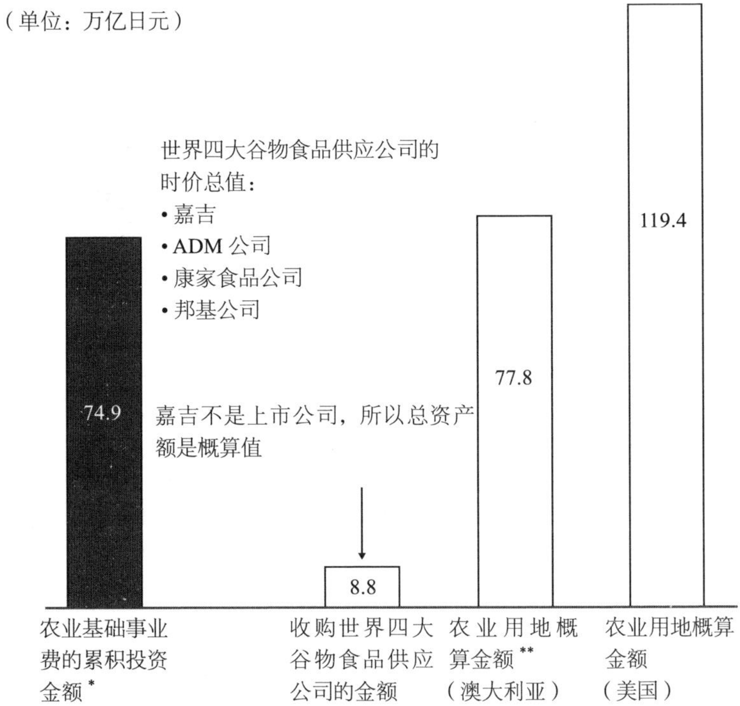

*　从第一次（1965—1972 年）至第四次计划（1993—2006 年）的累积投资金额。

**　平均农业用地价格乘以农业用地面积后概算出来的金额。因为澳大利亚农业用地价格资料不明确，所以用美国平均农业用地价格的 16% 进行估算。

图 4–4　这些钱能够买到什么

资料来源：日本农林水产省资料，联合国粮农组织资料，由 BBT 综合研究所制作的主要谷物生产公司决算资料

政治等因素，要用钱买下世界谷物食品供应公司是不可能的，但是日本的农业投资方向的确是错误的。

不过，既然对日本国内农业投下了如此巨额的资金，照理说就算开放市场，也不会对日本农业造成任何冲击，因为投下这笔资金的目的就是提高日本农业的生产效能。但是在图 4–2 中，我们所看到的生产效能却仍然非常糟糕。原因是农民以整顿农业基础为由，把政府发放的补助金用来开设综合建设公司，以及建造比国道、县道还高级的农道。

结果，75 万亿日元的补助金除了造了些无用的东西，对提升生产效能毫无帮助，不但如此，反而让日本原本就不佳的农业生产力变成了全世界最糟糕的。到底谁该为这种悲惨的结果负责？现在那些被称为农政族的人还在继续要求补助金，而农林水产省甚至开始讨论是否要补偿农民的收入。农林水产省这么做根本不是在补助农业，而是在漫天撒钱救济农民。遭到公司裁员的上班族为什么到现在还闷不吭声？为什么挺身站出来怒吼的只有我一个人？

光在这 10 年里，农业补助金就用掉了 40 万亿日元。既然这是一种企业投资，国人当然有权利要求投资回报。所以以记者为首的媒体人应该大声问政府：“用了 40 万亿日元，我们的农业生产效能到底提高了多少？”“已经准备开放市场了吗？”

但是，媒体一句话也没说，民间一片沉寂，无人表示愤怒，这就是日本当前的状况。

土地可以进口

由于生产效能低劣，农产品在价格竞争上完全无招架之力，所以政府就用异乎寻常的700%的超高关税，保护种植水稻作物的农民。这些主张保护农业的人说：“物资进口一旦放开，事态必然严重，所以必须确保粮食安全。”但是只要稍微动动脑子，就会知道这种做法根本不合逻辑。

如果不能依靠国外进口的农产品，那么石油的进口也不能依靠国外。日本的石油储存量只有180天的量，一旦石油停止进口，从第180天起，全国的牵引机车都将停止，抽灌溉用水的水泵也无法运转。当然，卡车、铁路也都会全面瘫痪，无法进行国内运输作业。总之，没有了石油，农业根本无法运作，所以不依靠物资进口就想安心在国内种植水稻的想法根本是幻想。

提到确保粮食安全，其实只要在国外买土地种水稻就可以了，并不需要什么都在国内种植。日本在澳大利亚、巴西等国开采煤矿、铁矿，在印度开采石油、天然气。在工业领域，投下资本获得交易权是大家都认为理所当然的事情，所以在农业领域也可以如法炮制。

我去澳大利亚考察水田的时候，发现一位经理人在180平方公里的耕作面积上种水稻，也就是说，这位经理人做了日本一户农家所做的活儿。更令人惊讶的是，这块稻田的稻米收获量高达30万吨左右。日本全国稻米的年收获量约为3 000万吨，所以光这块田的产出就达到了日本总收获量的1%。

一位经理人就可以生产这么多的稻米，如果有100家同等规模的农家，应该可以获得日本全国稻米的收获量。

在播种期间，他们会雇临时工干三天左右，拿着旗子站在水田边做记号，协助飞机进行低空播种。在这之前，他们会先用推土机翻土，再放水入田。澳大利亚水资源非常缺乏，水费非常高，为了有效使用这些水资源，他们每隔100米就会设一道斜坡，让水可以流经整个水田。

到了收割期，他们会再雇临时工，一起推着10台并列的打谷机，进行全天候24小时的收割作业，而这些作业全由一个经理人统筹，效率奇高。

至于米的价格，这位经理人说："1 600日元，但是因为脱壳之后重量会减少，所以是 2 500 日元。”与我同行的伙伴说：“并不便宜嘛！”但是接着听到“这是一吨的价钱”时即瞠目结舌，因为他误以为 2 500 日元是 10 公斤的价格。澳大利亚生产米的效率是日本的 100 倍，所以这个价格也应该是理所当然的。

和这块田同样大小的一块水田，在澳大利亚的售价是 6 亿日元。日本只要买 100 块这种水田，就足以供应日本人所需的大米，而且就算把运费成本一起列入计算，消费者还是可以用现在 1/10 的价格买到下锅煮饭的米。

我们在国外购买水田，就等于进口土地，所以在国外购买田地进行农业开发，便可以确保粮食安全。此外，这些田地可以分散在全球各地，例如越南、泰国、阿根廷、加拿大、澳大利亚等地以降低风险，这样，粮食安全性又提升了。将来，我们还可以将触角伸至以肥沃黑土而享有盛名的乌克兰。乌克兰现在已经借品种改良，成功开发出经过短期（4 个月）日照便可收获的水稻。如果我们了无创意，只知待在狭小的国土上，守着有限的农业土地，地价、米价将永远居高不下。

只要改个观念，接受土地可以进口的想法，生活就可以大为改观。只要进口澳大利亚的土地，“国土狭小、地价高昂”

的大前提就无法成立，地价当然也就跟着大幅走低。尤其是都市近郊的农业用地获得解放，同时变更为住宅用地之后，相信连中低阶层的人也有能力购买一套住起来比较舒适的大房子。

在经济无国界的世界里，必须要有这种创意，以这种创意制定战略，长期陷在衰退中的国家才有机会创造新的繁荣。

降低地价

泡沫经济崩溃之后，地价急速滑落。日本全国的繁华闹市区地价跌幅约为 50%，六大都市圈则跌了将近 20%，连带住宅价格也大幅下跌。但是以世界水平来看，日本的地价还是非常贵的。如图 4–5 所示，和世界各主要都市住宅价格相比，日本的住宅价格仅次于伦敦，为世界第二高，而且人均住宅面积小得可怜。日本的房子被称为“兔子小屋”由来已久，现在绝大多数人住的房子仍然是又贵又小。

日本都市区的地价之所以会那么高，和都市近郊还有农业用地息息相关。本来这些农业用地都应该被释出，但是日本却反其道而行之，在 1974 年制定《生产绿地法》，采取保护政策，将都市精华区内很大一块农业用地指定为生产绿地。1991 年修订了《生产绿地法》，将受到保护的农业用地区分为农业用

（东京：1.02 亿日元 =100，以汇率换算）

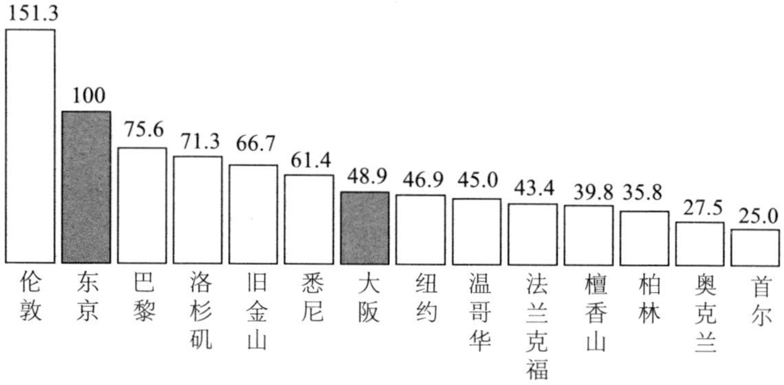

世界主要都市一户住宅价格之比较

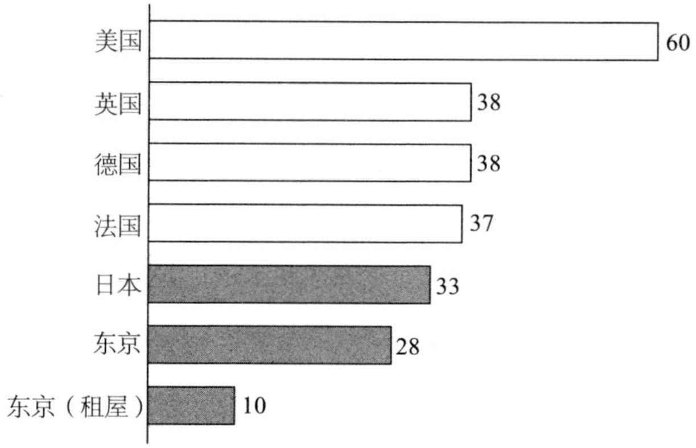

图 4–5　日本人均住宅面积比较（平方米）

地（生产绿地）和住宅用地。换句话说，被指定为生产绿地的土地，除了作为农业用地是不可挪作他用的。政府这么做的目的原是压抑经济泡沫化时一直飙涨的地价，才释出部分农业用地作为住宅用地，结果却让都市近郊的农业用地成了固定的农业用地。

一块被指定为生产绿地的土地，除了作为农业用地，别无他用。但是听说 30 年后，如果这块地无法再耕作了，自治体就可以收购这块土地，而且享有优惠税率。这种事真是令人愕然。

为了真正有效地利用土地，政府应该实施第三次农业用地释出，彻底放宽或废除各种限制，并严格禁止都市近郊有农田。如此一来，就可提供许多可以盖住宅的土地，并让土地价格大幅降低。

当然，如果从澳大利亚进口土地种植农作物，在狭小的土地上从事生产力不佳的农业活动的都市近郊农民，将首当其冲被淘汰。届时，将会出现大量的住宅用地，地价也势必大幅下降。

一谈论这个议题，媒体会马上发出同情的声音，质问“只会种田的山间农民该怎么活下去”。但是城市中的书店、餐厅倒闭的时候，却没听到有媒体发表同情感言。其实这种情形和实体书店因亚马逊网络书店的出现而被淘汰、大众食堂因连锁餐厅的出现而倒闭有什么不同？在公司辛苦工作 25 年却遭到裁员的数百万人，政府可曾为他们做了些什么？

有人错把地价下跌解读成通货紧缩，事实上这是地价的合理化。从生活者的观点来看，地价下跌，可支配收入增加，生活就可以更宽裕，被房屋贷款追着跑的人更是可以大幅改善生活的质量。尤其是中低阶层和低层人口占了总人口八成的现在，地价下跌已经是成为“生活者大国”的必要条件。

另外，关于建筑物本身，如果可以直接从澳大利亚进口住宅建材，住宅价格可以降 1/3 至 1/2。

澳大利亚的住宅是以类似 2×4 工法[①]的方式建造的，每平方米的建筑费用是 20 万日元。盖一间 30 平方米的房子，只需要 600 万日元。因为澳大利亚会有超强的飓风，所以建筑物都盖得非常坚固。2×4 工法的抗震效果，大家在日本阪神、淡路大地震（1955 年）中都目睹了。当时用传统方法盖的房子都倒了，可是以 2×4 工法建造的房子却安然无恙。

而且从澳大利亚至横滨港的运费，以一户房子所需的建材需要一个货柜来计算，是 6.4 万日元。从横滨港再把建材运到

① 这是美国和加拿大开发的建筑工法，又名“框组壁工法”，基本上就是把建筑用板材钉入 2 英寸 ×4 英寸的木材所做的框中，构成房子墙壁、天井等平面。用这种工法盖的房子特别抗震。

工地现场，虽然还需要 30 万 ~40 万日元的港务费用、国内运输费用等各种费用，但还是可以用很便宜的价钱盖一栋房子。此外，施工工期也只有短短的一个星期，要换栋房子真是轻松自在。进口土地，降低地价，从国外进口住宅建材，这些即使是中低阶层的人也可以享有上层阶层拥有的住家环境。

官商利益共同体

由于受到日本《建筑标准法》的阻挠，日本人无法建造如同国外一般优质、便宜的住宅。因为日本的《建筑标准法》中有太多不合理的限制，导致建筑物、建材无法从国外进口到日本。姐齿建筑设计事务所伪造建筑物耐震强度计算书的事件[①]，明显暴露了复杂的法律和认证业务，事实上只是徒有形式而无实际效用。

而且在日本市场，玻璃、瓷砖等建材及浴缸等卫浴设备，基本上就是由两三家大公司垄断。因为日本市场在《建筑标准法》之下形同封闭，而且内部没有竞争，所以日本国内的建材费、建筑费才会高得离谱。

① 由姐齿建筑设计事务所经手的案子多达 194 件，日本国土交通省和各地方政府展开独立调查后，查出伪造耐震强度的大楼（东京、千叶、神奈川三地）案共计 21 件，伪造耐震强度的宾馆案有 12 件。

至于建筑物本身，只要合乎经济合作发展组织的标准，在日本就没问题，我们可以自行选择建筑方式。在医药领域有所谓的相互认证制度，也就是曾在国外获准上市的药品，在日本必须获得日本的认证，而在日本获准上市的药品也要获得国外的认可。但是建筑物不像药品会直接影响人体，所以不需要相互认证，只要通过各国的标准审核就不会有问题。因此提供建筑物的一方，只有义务提供必要的信息，其他则由建筑物使用者自己判断选择。

从阪神、淡路大地震及新潟县中越地震（2003年）的例子中我们会明白，房子虽然合乎《建筑标准法》，但是房子因地震、灾害而倒塌的时候，政府是不会提供任何补偿的。这些例子告诉我们，地基（地层松动、液化）的问题远比建筑物的问题还严重。因为不管《建筑标准法》制定得多严密，还是无法阻止大水因堤坝溃决而流入家中。总之，我们就是得靠自己的能力确认信息，并思考如何让房子的价格和我们所要求的强度保持平衡，甚至连盖房子的场所，我们也必须自己负责选择。所以在买房子、盖房子之前，我们应该先有一分认知，那就是《建筑标准法》非但不能为我们带来利益，还会因为费时费工对我们不利。

制定了各种规定，发生事情时却佯装不知，这就是日本政府的嘴脸。例如“药害艾滋病事件”①，政府虽然制定了血液制剂的认证标准，但是一旦发生问题，就跟处理沙利窦迈②问题时一样，只丢下一句“责任不在国家”就逃之夭夭。政府非但不肯为法规漏洞负责，还为了保护业者而制定各种规则，让药品的价格越来越高。中低阶层的人看清了这个事实，应该愤怒地挺身质问。

其他像这种碍事的规则真的多如牛毛，例如东京都的水道局。如果建筑商所使用的产品没有通过日本自来水协会（JWWA）的认证，东京都的水道局就不让新盖的房子安装自来水管。事实上，日本大厂生产的马桶、洗脸台，在新加坡、中国等亚洲各地的销售价格只有日本本土的1/4。但是拿回日本之后，却非得取得自来水协会的认证不可。同样都是日本厂

---

① 药害艾滋病事件是指20世纪80年代初，日本在临床治疗血友病过程中，作为止血剂大量使用了从美国引进的非加热浓缩血液制剂，结果造成许多人感染艾滋病病毒甚至死亡的事件。但日本厚生省成立的艾滋病研究班否定了非加热制剂与艾滋病的关系，导致了这种危险制剂的蔓延，直到1985年才停止使用，而直到1996年才公布了真相。——编者注

② 沙利窦迈（Thalidomide），于1958年以非处方镇静安眠药在欧洲上市，主要用于减轻孕妇恶心、呕吐等害喜症状，但因不幸造成大量海豹肢畸胎婴儿而于1961年黯然退市。——译者注

商的产品，为什么在日本不能使用？我认为原因只有一个，那就是官商勾结，一起欺骗老百姓。

对于卫浴产品的管理，我认为只要在漏水时对制造厂商进行处罚，禁止该产品继续销售就足够了，根本不需要劳驾自来水协会。罚则一出，相信那些受各种规则保护而将价格昂贵的产品卖给消费者的企业会立刻退场。

认证制度是为了养活公务员

日本的建筑认证制度发展得非常迟缓。澳大利亚引进计算机辅助设计与制造（CAD/CAM）系统之后，取得建筑许可只需要48小时。看过土地之后，到承建商那儿走一趟，一说明自己的希望，房屋设计蓝图就会出现在眼前。最后只要选择一下就算告一段落了，接着建筑许可两天内出炉，建筑工期一个星期，连购买家具的时间也一并算在内，两个星期后即可搬新家。

就连新加坡的建筑认证过程也已全面电子化。用CAD把设计输进计算机，计算机马上就会告诉你Yes或No。设计这套系统的是日本公司，但是为什么日本不用这套系统？这个问题真是让人百思不得其解。

某天，我和某县办事员谈话的时候，随口问道："日本为什么不采用相同的系统？"他们立即面露不悦地回答说："那还要我们做什么？"因为县政府的办事人员把在申请文件中找碴儿当成他们的工作，所以一旦引进CAD系统，他们就没饭吃了。此外，这些办事人员也无法辨识耐震强度，所以他们所做的工作充其量就是"纯加工"和"找碴儿"。

换成人民来找碴儿

类似这种行政弊端，其实在日本人的生活中无处不在。

以运输为例，将住宅建材等从横滨港运到目的地的运费，竟然是从澳大利亚运到横滨港的好几倍。原因何在？因为日本海港与其说是物流的据点，不如说是利益挂钩的巢穴。现在以新加坡、釜山为首的亚洲其他各国海港，不论是处理货柜的速度还是服务，都远比日本港来得快、来得好。不但如此，港口的使用费也比日本便宜多了，所以日本海港转变成为亚洲物流据点的速度，理所当然就特别慢。

航空运输也一样。把国外旅游和国内旅游的费用拿来一比较，除了寒、暑假旺季另当别论，我们会发现两者几乎没有什么差别。而到国外旅行，不但飞行距离较长，玩儿的天数也较长。总之，两者之所以没有什么差别的原因，就在于国外和国内机票的差额不大。

国土交通省非常现实，他们只想保护日本航空公司的利益，并未替乘客的权益着想。

水产业和农业一样凄惨，日本政府同样以补助金的方式解决水产业的问题。现在（2005 年 7 月 1 日），在全日本被指定的渔港有 2 924 座。这些渔港的养殖量虽然增加了，可是渔获量却逐年减少，大半的渔港都已不具备渔港的机能了。

事实上，由于在中国养殖的鱼大幅降低了卸货价，渔夫们必须把产自日本的鱼品牌化，才能借市场细分混口饭吃，例如产自大分县佐贺关的青花鱼叫关青花，竹荚鱼叫关竹荚。所以就算把渔港废除或通过合并把数量减少到 1/5，对日本的渔业也不会造成影响。但是为了渔业权和港湾工程，这些渔港还是要继续撑下去。

尤其是港湾工程，只要是渔港，国家都有定期预算，直接让港湾建设业者受益。因此，业者为了能够永远拥有这种特权，便四下游说。总之，听说大半的渔港因为巧立各种名目进行修理，所以港湾工程费竟然比渔获量所得还高时，我们也只有愕然的份儿了。

不仅如此，农林水产省及各都道府县还认定海和渔港是渔业关联产业的一环，因而阻碍了日本海洋休闲娱乐事业的发展，使其显得格外薄弱。在新西兰、澳大利亚、芬兰这些国家，每个家庭至少有一艘游艇等从事海上活动的船只，这是非常普遍的。美国则是平均四个人一艘游艇，但是在四面环海、高收入的日本，玩游艇却只是一小部分有钱人的奢侈游戏。

用互联网查一下价格，可以发现可载 8 人的全新游艇售价只要 200 万日元，也就是说买一艘游艇和买一辆车差不多。事实上如果把停车费、维修费等和车子有关的各种费用都加上，游艇比车子还便宜。不过一般人对游艇的认识是，检查费、停泊费高，可停泊船只的地方不足，所以游艇只是一小部分有钱人的奢侈游戏。

总之，这种不切实际的制度，让在其他国家眼中属高收入的日本人，生活过得非常贫乏。我个人认为这些制度其实只是在保障少数的利益团体，以及制定这些制度的行政机关。

如果真的讲究行政效率，只要留现有 1/10 的公务员就够了。就因为这一点做起来有困难，公务员就强行要求全体国民接受毫无效率的认证制度，好让自己的工作正当化。今天的日本没有可以开除公务员的法律，但是养这些公务员，不但浪费全民所缴的税，还让全民蒙受不利。

从中低阶层跃向上层阶层

物价早该下跌了

在日本年收入600万日元的人，到了国外就堂而皇之成了上层阶层的一员。虽然那只是一幅想象图（见图4–6），但是以世界物价水平来看日本，年收入600万日元中，除去生活上的必需费用，剩余的可支配收入大约有一半，所以日本人应该可以过悠闲、舒适的生活。但是在现实中，各种保险、不合理的规章制度，让日本人的生活成本居高不下，几乎耗尽了可支配收入。

反过来说，如果放宽限制，废除对农业的补助金，日本和其他国家的生活成本差距就会消失，日本中低阶层的人就应该可以过上和自己年收入相称的生活。因此立志从政的人的首要任务，就是把图4–6中的可支配收入还给老百姓。当然老百姓也有提出和政府对话、讨论健全政治的权利。

让大家的生活喘不过气的主要费用中，处于第一位的是食品费用。最大的原因是牛肉、大米等食品的进口关税实在高得

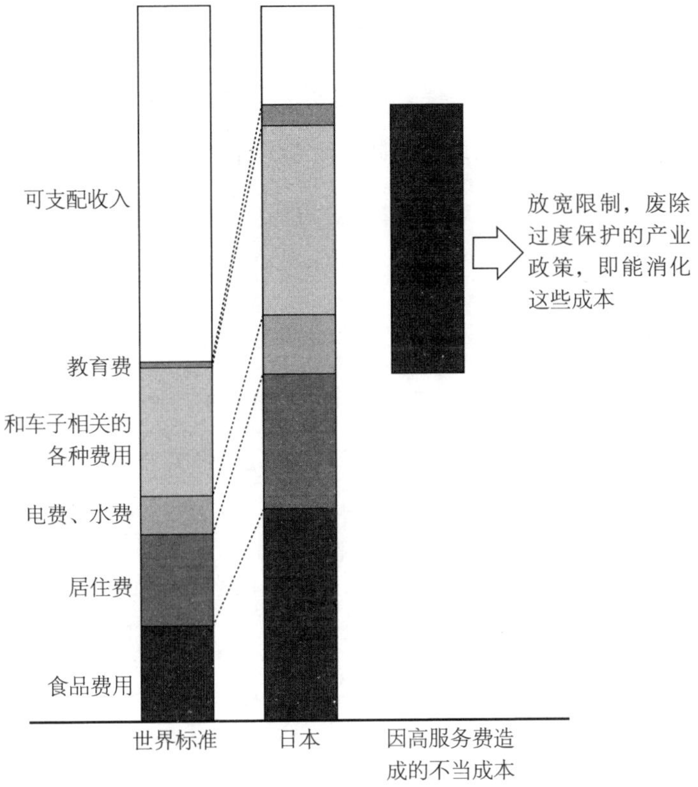

（东京：1.02 亿日元 =100，以汇率换算）

图 4–6　和世界各国比较之后的日本家庭支出想象图

吓人，所以只要废除相关的限制，并在澳大利亚等地购买土地进行生产，食品价格就可以降到世界平均水平。就算不行，至少也可以像新加坡一样。新加坡没有一个农民，但新加坡人可以自由采购来自世界各国物美价廉的好东西。

至于土地，地价之所以会不断飙升，是因为都市近郊还有农用土地、工场和仓库。只要彻底放宽或废除不合理的限制，让都市近郊作为休闲用的土地可以变为住宅用地，同时从国外进口农用土地，日本就会有多余的土地，地价当然也会跟着大幅下降。

建筑物也是如此，如果废除碍事的建筑法规，直接从澳大利亚等国进口住宅建材，含运输费用在内，盖一间20平方米的房子用不了500万日元。如果30平方米的房子只需六七百万日元就盖得起来，相信住在旧房子里、整天惶惶不安地担心"地震来了，这房子撑得住吗"的老年人，也会很洒脱地说："这么便宜就重建吧！这样就可以安心住到死了。"如果大家都重建房子，还会同时带来经济好转的效果。

至于国宅，我认识的一位承包国宅工程的公司总经理曾说："如果没有各种限制，我有信心将每平方米的建筑费降至26万日元。"换句话说，只要将不合理的各种规章制度废除，连国宅都可以更便宜。当然，想盖一间有自己风格房子的人，每平方米也只要花个六七十万日元就可以圆梦了。总之，最重要的是消费者有自己选择的权利。

至于车子，在日本，车子本身的价格还算符合世界水平，但是停车费、税金、车检费用、油费、高速公路过路费、车子维修费等费用还是太高了。实施车检制度的目的是确保车子的安全并预防公害，但是车检内容和手续对车主而言确实耗时费神，所以大部分车主都付高额费用委托业者办理车检。就因为如此，大部分车主对于爱车简单的机械构造和应懂的检查项目都不了解，结果这个让车主备感棘手的车检制度，成了养活监理站人员和鉴别修理工厂人员的工具。

现在连卖车的厂商也来分一杯羹了。因为现在经销商卖新车的利润大不如前，所以就利用车检捞一笔，完全不顾消费者的权益。本来车子的制造商应该为购车的消费者发言，争取新车在5年内不需要车检，没想到这些制造商却沦为特权团体，所以相关单位实在应该再次检讨什么才是必需的检查项目，而且还要提出省时、便民的手续。不少车子就是在车检之后出的故障及发生的事故，所以我认为车检制度不是该修正，而是该废除。

以世界水平来看，日本的油价也是偏高的。偏高的最主要原因是，根据进口规定，汽油自国外进口至国内必须缴纳极高的税金，所以一加上税金，汽油的售价就居高不下了。

此外，高速公路原为民生的基础建设，应由国家统一维修并管理，所以究其本质根本不适合公团化或民营化。2005年10月道路公团民营化后，日本诞生了6家道路建设公司和1家独立行政法人。但是最好的方法其实是取消民营化，将道路公团纳入国家管理，民众上高速公路一路畅行无阻，无须缴费。此外关于车子的税金，我建议实施《汽车牌照课税法》（具体来说，就是自用车缴税1万日元，出租车、巴士10万日元，卡车30万日元），分10年偿还公团的借款。

总之，公团不该民营化。就算高速公路不收费，将来公路的建设及维修费用，由国道预算支付也应该足够了。如此一来，就不会有自上而下被迫执行命令的问题，而且只要制定制度让国民可以严格监控税金的使用方法，就算不商议，道路建设费和维修费用也应该会大幅下降。

通信对国民而言，也是一项非常重要的基础建设。但是碍于各种法规限制，新的通信业者想要进入这个事业领域的门槛非常高，所以日本才会有日本电信电话公司（NTT）等电信公司的固定电话费一直居高不下的问题。移动电话的通话费虽然调低了一些，也仍旧偏高。但是软银（Softbank）加入之后，宽带使用费即节节下降，而且使用者可以24小时全天候上网，这才是便民的服务。

为什么收费会有差距？一言以蔽之，其实就是规章制度衍生出来的后遗症。如果进入通信事业的领域没有门槛限制，移动电话迟早都会网络电话化，所以电话费应该仿效宽带业者的宽带使用费，采用固定收费制度。也就是说，将移动电话和固定电话网络（公众交换电话网络，PSTN）融为一体，任由使用者无限使用，一个月只算一种（移动电话或固定电话网络）费用。

至于水电、天然气等能源事业，现在虽然标榜市场化，其实也只是徒有虚名而已，如果真正市场化，水电费、天然气费应该会更便宜。

总之，如果每一个事业领域都能够开放市场，让国民可以自由选择来自世界各地物美价廉的优质商品，即使身为中低阶层的一分子，也不必担心害怕。因为在美国，年收入5万美元就是上层人士；到了澳大利亚，日本人更是可以堂而皇之地跻身上层社会。

中低阶层如何过上幸福的生活

比日本早30年经历长期衰退的美国，进入20世纪70年代之后，经济即走向低迷，失业率甚至高达10%。在这个过程中，国民收入呈两极化，超过半数的人口沦为中低阶层。

在这期间，曾为好莱坞明星的里根连任两届美国总统。在外交上，里根走强硬路线对抗苏联，但是在内政上，里根主张“小政府”。里根上任后，大幅削减社会福利支出等财政支出，放宽限制，大幅减税，重振美国人民精神，降低对联邦政府的依赖，这就是“里根革命”。

放宽限制的政策主要是针对金融、运输和通信三大领域。里根让资金、商品穿越国境自由流动，促进经济无国界化，让得以生存下来的美国企业在全世界拥有举足轻重的竞争力。此外，这项政策也让全世界的资金涌入美国，为后来不花纳税人的钱而用其他人的钱繁荣美国的克林顿时代打好了基础。

虽然有一部分学者抨击里根的经济政策扩大了财政赤字和贸易赤字，但不可否认的是，这一经济政策确实让美国自 20 世纪 90 年代到现在都享有长期的经济繁荣。

从 1985 年开始的新经济因为无国界化、数字化、倍数化而产生了一个新的经济空间，而美国因为“里根革命”放宽限制、让市场自由化，等于消除了在新经济空间中活动的阻碍。简而言之，美国让任何人都可以自由进入新经济大陆。

这一结果引发了市场流通革命，并让各行业领域都积极追求效率。

以零售业为例，为了应对超过半数的中低阶层人口需求，以沃尔玛为首的零售折扣超市开始抬头，一些百货公司则人去楼空而倒闭，使一般人的生活成本越来越低。

住宅领域也是如此。工法、工程大幅改变之后，以 2×4 工法建造的房子不但处处可见，而且又便宜又牢固。现在在美国，除了纽约等大都市，把装了自动门的两个货柜并起来，就是一套“三室一厅一卫”的房子（大小比日本的三室一厅一卫还大两倍多）。这样的房子加上土地费用才 2 000 万日元左右。

在日本，如果能够一脚踹开围着专利、认证许可打转的家伙，我们也可以轻轻松松拥有这样的住宅。房子价格下降，可支配收入大幅提升，就算是收入减少的中低阶层，也可以过上轻松自在的生活。

如果日本有标榜小政府的政党出现，对于住宅问题提出“以 CAD 系统进行建筑认证，只要符合先进国家认可的建筑标准，就可以进口住宅建材”的解决方案，政权应该会立即易手吧！不论如何，只有这么做，才能让压得人民喘不过气来的高房价趋于缓和，并让百姓能够过上以世界水平来看属于上层阶层的生活。

别成为“提词人种”

以上我所讲的这些事情都不是什么大道理，只要稍稍进行逻辑思考就可以全盘了解，因为这些全是“心动”就可以“行动”的事情。

日本自民党基本上是一个保护以农民为首的各种少数利益团体的政党，也就是说，自民党是一个为守护少数利益团体、公务员既得利益而执行政策的政党。另一方面，民主党又因为在选举时曾受劳动合作社力挺，所以也根本不可能有魄力对公务员进行裁员。

在这样的政治结构下，政治家不想求变，人民也不期待政府能在规章制度上做必要的改革。但到底是什么原因让日本的政治变成这个样子，全国的百姓似乎不曾用心思考过，更不曾向政治家表达过愤怒。

日本人真的是世界上最奇特的人种，没有自己的思想，没有自己的感情，我称这种人为“提词人种”。录制节目的时候，有一个人会告诉在场的观众：“待会儿我比画这个手势的时候，请大家拍手。”这就叫作提词。大多数日本人都要通过“提词者”的呼唤、提示才会拍手，才会欢呼。

例如要引进消费税的时候，新闻说了一句“气死人了”，大家才开始你一言我一语表示反对消费税。进一步问反对的理由，他们的回答是“因为这是增税啊”“因为这么做是违反公约的”，其实这些人对直接税、间接税完全不了解。日本的税收中，直接税所占的比例过高，所以以理想的税制来说，减少属于直接税的法人税、所得税，增加增值税的做法是对的。虽然严格来说消费税并不属于增值税，但是从大方向来说，这种税制并没有错（关于税制的部分，留在下一章详谈）。

其实心平气和讨论的话，人民绝对不会生气，但是新闻一句“绝不允许政府引进消费税”，全体人民就齐声呐喊反对消费税。照理说每个人碰到事情的时候都应该自己动脑思考做判断，可是日本人就只会随媒体起舞，媒体一生气，受众就疯狂。

日本人似乎非常不善于冷静分析信息，自己判断。这种事我在1995年东京都知事选举时就体验过。当时有两个话题让各大媒体铆足劲儿拼版面：一个是是否要援助两个濒临破产的信用合作社，另一个是是否要中止申请在临海副都心举办的世界都市博览会。

筑紫哲也[①] 担任先发投手，首先邀请来宾上他在 TBS 主持的 NEWS23 讨论这两个问题。筑紫哲也让我和其他来宾拿着“○”和“×”的牌子，对我们说：“世界都市博览会该进行还是中止？赞成进行的请举‘○’，认为该中止的请举‘×’。”

我认为，已经投入了 9 万亿日元的资金，如果贸然中止反而徒增损失，为了让损失减到最低程度，最好是改变展览内容后照常举行，所以这不是一个“○”或一个“×”就可以回答的问题。可是就在我想进一步做说明的时候，筑紫先生很神气地说：“大前先生，什么都不必说，请以‘○’或‘×’作答。”

最后，全部答“×”的只有青岛幸男先生（作家、作词家、演员、参议院议员、东京都知事），结果，青岛先生在选举中获得压倒性胜利。

如果新闻传媒说“不要废话，全部举‘×’”，我想全体国民都会感情用事，让自己的思考力呈静止状态，完全不去想为什么。这也就是为什么思考力呈静止状态，只会回答“总而言

① 筑紫哲也，早稻田政治经济学系毕业，曾为早稻田研究所公共经营研究科客座教授，《朝日日报》杂志总编辑，TBS 电视台“筑紫哲也 NEWS23”主持人。——译者注

之就是‘×’”的青岛先生会当选的原因了。

抛开期待，自己行动

选举都知事那段时间，我花了将近一年的时间，针对以民营化、外包等手法重振财政政策，写了《大前研一之新东京愿景》一文，并在《文艺春秋》杂志上发表。在这篇文章里，我详述了各种可以解决高达9万亿日元公共债务问题的财政计划。但是经常出入都厅的记者联谊会的记者先生和女士们，对这些措施完全不感兴趣，他们一开口就问“你是无党派的吧？最后你会支持哪个政党”“你会和谁联手”等有关政局的话。看到他们所写的新闻全是些“没有政策的不毛之战”，真是令人心惊胆战。

这些新闻记者靠一支笔写新闻，可是自己却化身为“提词者”，煽动着国民的感情。结果，嘴里说“某某某当选，我就去翻桌子”，却一直待在家中不出门演说造势，只知招待体育记者喝啤酒的青岛先生，就靠营造气氛在选举中以高票当选。

但是青岛先生当选知事之后，却被都厅的官员牵着鼻子走。处理信用合作社问题的时候，他的态度180度大转变，投入了大笔税金。世界都市博览会虽然喊了暂停，但是为了支付违约金，反而让赤字比举行博览会更严重。看到如此的“政绩”，传媒终于重炮抨击“他终究是个坏心眼的糟老头”，并再度化身“提词者”，激怒东京都民众。看到流弹从四面八方射过来，这回青岛先生采取的对策是充耳不闻，不予回应。

看到这种情形，我真想大声说：“这个人可是你们选出来的！”但是媒体和民众似乎都是健忘的，当石原慎太郎[①]说了一句“我施政欢迎大家来说‘不’”时，他们又忘了自己的责任，再度一窝蜂地往石原慎太郎身边跑。

人民之所以会有这种感情上的群体化冲动，是因为自己不动脑思考，这基本上和全权交给别人处理没有分别。

记者不传递政策辩论的信息，人民也不想听有关政策辩论的议题，大家都抱着淡淡的期待，希望早上一觉起来，最好什么事都没发生。自己不采取任何行动，只希望一通电话就会有人送东西过来，就会有人进屋来打扫，心态完全就像个住酒店的旅客。

大声呼吁“不要停止改革”的小泉纯一郎，在耗费了 770

① 石原慎太郎，小说家，以《太阳的季节》获芥川奖，曾为参议院、众议院议员，1999 年获选为东京都知事，著有《化石之森》《生还》等。——译者注

亿日元所举行的大选中，获得压倒性的选票之后，未经仔细审核，就让对全体国民毫无好处的邮政民营化法案通过了。小泉这么做只是打着改革的口号行政治之实，根本不考虑这么做之后的利弊得失，以及可能会为自己带来的后果。

在小泉的多项政策里，我们嗅不到避免增加国民负担的方法，也看不到应对中低阶层需求的改革制度和符合民众需求的政策（提高生活质量，降低生活成本）。虽然有淡淡的气氛显示不良债权减少了，经济好像恢复了，但事实上如序章所述，大多数人检视自己的生活状况之后发现并无实质性的改善。

但是，民众还是没有提出疑问，还是不想自己动脑思考，所以对此事看得一清二楚的我才决定按下“清除键”，从政治层面开始展开诉求。

因为在我的内心深处，还是希望大家看到收入阶层两极化、社会M型化之后能够自我改变，占总人口80%的中低阶层和低层阶层能够挺身对我们的政府和企业发出怒吼之声。

如果中低阶层和低层阶层的人可以摆脱“提词人种”的影响，动动脑子，勇敢呼吁一下，就能加速“质的变化”，而这才是我们通往高质量生活的唯一通道。

第五章 这才是真正的结构改革

结构改革之所以裹足不前，是因为那些认为现在的结构比较有利于自己的人，以及在现在的结构中获得优惠和保护的人在阻止改革。

发掘改革的真相

“政治改革”是真正的改革吗？

为了让中低阶层也能过上富足的生活，必须去除仅为少数利益团体而设的规范与补助金制度，同时让大而无当的政府转变为小而高效的政府。

此外，也不能以地方分权取代中央集权，而必须实现真正的地方自治才行。若在经济上无法独立，就不可能做到自治；不和世界各国做买卖、引入资本或技术，也不会繁荣。不能拿本地税金来用，而是从全球募集闲钱才行。为此而进行的竞争，必须由地方发动。所以，大前提在于必须建立在经济上能独立的“道州制”（地方制）。

不巧的是，由于中央与地方的财政赤字合计已达 1 000 万亿日元，再加上伴随少子老龄化现象而来的社会保险费用增加等因素，再不设法面对，整个社会就会进入没有出口的“高负担时代”。如果不能通过彻底缩减财政支出，谋求政府与行政的结构再造，就只会让中低阶层的负担更加沉重，日子越来越难过。

如前章所述，美国之所以自 20 世纪 90 年代以来能持续呈现繁荣的景象，是因为在 80 年代，里根总统力主的“里根革命”彻底做到了法规松绑和财政缩减，成功构筑起“小而美的政府”。“里根革命”固然也有各种缺点，但至少法规的松绑与财政支出的缩减，以及吸引海外资金投入美国的技巧，是日本现在必须看齐的。

日本 1994 年进行的“政治改革”实质上是选举制度的改革，它导入了小选区制度，除了让选举不必花大钱，也让一个选区只选出一个人，所以标榜的是政策辩论活泼化。虽然在这一改革下，各政党开始可以依靠议员席位多寡获得由全民税金支付的政党补助款，但政治献金与金权体质还是一如既往，没有改变。

在政策辩论方面也是一样，日本在 2005 年 9 月 11 日的众议院选举是为了现在看来并非什么大问题的“邮政是否应该民营化”而举办的，结果无论是最关键的民营化的内容，还是其他重要的年金、税金等问题，都没有进行什么具体的辩论。小泉就像在玩儿“○还是 ×”的游戏一样，只问了一句“赞成还是反对邮政民营化”，民主党也只是讲了一句“争论点在于年金”来批评小泉，但是也没有提出年金一体化[①]的具体方案。

结果虽然是提出简单算式“邮政民营化是对还是错”的小泉获得了压倒性胜利，却让我们觉得，政策辩论不是应该因为政治改革而活泼化吗？到底“活泼”到哪里去了呢？

国民从中了解到，小选区制的特征“一个选区只选出一位议员”可能会因为受到当时的氛围左右，而造成某个政党获得压倒性胜利。当年的政治改革论者（小选区论者）小泽一郎与羽田孜，以及当时也认同此事的大多数媒体人，到底有没有正确地理解这种选举方式可能会在没有政策辩论的情况下，就因为氛围的左右而导致一方的压倒性胜利呢？当时在《文艺春秋》等平面媒体中主张道州实行大选区制而被贴上“守旧派”标签的我，还真的是想问问这些人的意见。

2005 年的众议院选举所花掉的相关费用约为 770 亿日元，

① 将国民年金、厚生年金保险及共济年金合而为一的制度。

差不多是1983年时选举经费的3倍。为应对低投票率而延长投票时间的做法，增加了现场选务员的人事成本，为勉强在当天开完票，也增加了人手，诸如此类，都是花钱如流水。

然而，像这样的费用问题只要导入电子投票制度，就可以迎刃而解。

在全国导入电子投票系统的成本约为100亿日元。一旦这套系统建立起来，接下来几乎就不花钱了，可以反复使用。只要使用按键式电话或计算机，就能在全球任何地方参与投票。20年前我就建议过这样的方式。在1993年出版的《新·大前研一报告》中，我还以“83个法案”为名，一并提出了其他的制度改革方案。

既然要改革选举制度，就应该先有这种毫不浪费的精准系统。虽然年轻人的投票率一向很低，但只要导入电子投票系统，投票率应该会大幅提升。

行政e化的真面目

目前行政e化的最大问题，在于日本各地方自治单位都在独立建造自己的计算机系统。虽然所有国家机构都声称，计算机可以让公务处理变得更有效率、更省力，信息也都数据库化，从而能够提升服务质量，但事实上，如果民众要前往国家机构办理身份证、印鉴证明、汽车驾照、护照、厚生年金、健康保险等手续，还是必须前往不同行政机构或窗口办理、等候，而且还得反复填写姓名、通信地址、户籍地址、出生年月日等项目。

之所以造成这种不便，是因为各单位使用的是缺少兼容性的不同计算机系统，计算机与计算机之间无法沟通。

这也就是所有自治单位都已经公务计算机化了，却连电子投票制度都还实现不了的原因。

原本只要建造出全国共通的系统，让各自治单位都可以运用，就可以避免浪费。但现实中，计算机系统的相关信息技术组织，一个个都变成了在网络上包工程的公司，为各自治单位做出不兼容的系统，借以牟取暴利。大家很容易就陷入“e化=效率化”的错觉中，但事实上现在这种信息技术化、e化与铺设一些无用道路的公共工程没什么两样。

例如日本的住基网[①]，就是e化公共工程的典型。除了在

① 2002年8月5日起实施的网络系统，全称为“住民基本台账网络系统”，是一种将日本人的姓名、住所、性别、生日等信息统一登录，便于管理的系统。——译者注

日本花费了超过800亿日元的初期投资，每年的运行还得花掉200亿日元。由于各市、区、乡、镇必须用操作系统管理信息，国家单位的工作不但没有因为减少而节省人力，工作量反而还变多了。

还有一点，花了这么多钱，民众却并未感到更方便。虽然宣称“在全国任何地方都能拿到身份证”等好处，但由于户籍等事项还是必须要到人工窗口办理，所以利用住基网的人少之又少，几乎没有多少人持有住基卡。就像在车流量很少的地方建设气派的高速公路，还要为维护它而每年付出大笔金钱，可真是让缴税的国民损失惨重。大家之所以很少使用，原因在于护照、汽车驾照等手续都无法使用住基网办理，所以可以把它想象成一条无法变换车道的高速公路。

好不容易把国民基本数据做成了数据库，就应该有全体国民的身份证数据，同时除了身份证，也要对健康保险、婚姻状况、税金、出入境情况等所有数据予以统一管理。这样任何行政上的手续，都可以用家里的计算机或按键式电话办理，便利性应该会大大提高。

在丹麦等北欧国家，这些做法已经很普遍。日本却只是从原本的“实体工程公司”转变为“信息技术工程公司”而已，只会像建设实体的公共建筑物一样，到处建造无用的系统。

当然，我提到的这些有一个前提：为了预防当政者不当地运用这些信息，以及为了防止个人机密信息流出，必须采用密码或静脉认证（以手心或指尖的静脉分布状况作为辨识的生物识别技术）以及声纹鉴定等双重或三重的安全措施。

债留子孙的经济对策

日本 1996 年 1 月至 1998 年 7 月的桥本龙太郎执政时期，通过了所谓的“桥本行政改革”，把明治以来不断增加成为一府二十一省厅的行政组织，变成了一府十二省厅的制度。但这美其名曰的行政改革，事实上只是把省厅重新编制而已。真正的行政改革，应该要让“1+1”变成“1”或“1.5”才行。像厚生省与劳动省合并为“厚生劳动省”，也只是“1+1=2”而已，没有变化。虽然省厅的数量减少了，但职员人数还是和行政改革前没什么两样，只徒然花掉了搬家与重新印名片的钱，其他什么也没有改变（见图 5–1）。

桥本内阁虽然制定了《财政结构改革法》，但把消费税提高到 5%，造成了消费减少、经济恶化的后果。最后的结果是国家财政支出上升，税收减少，国家债务也随即增加。继任的

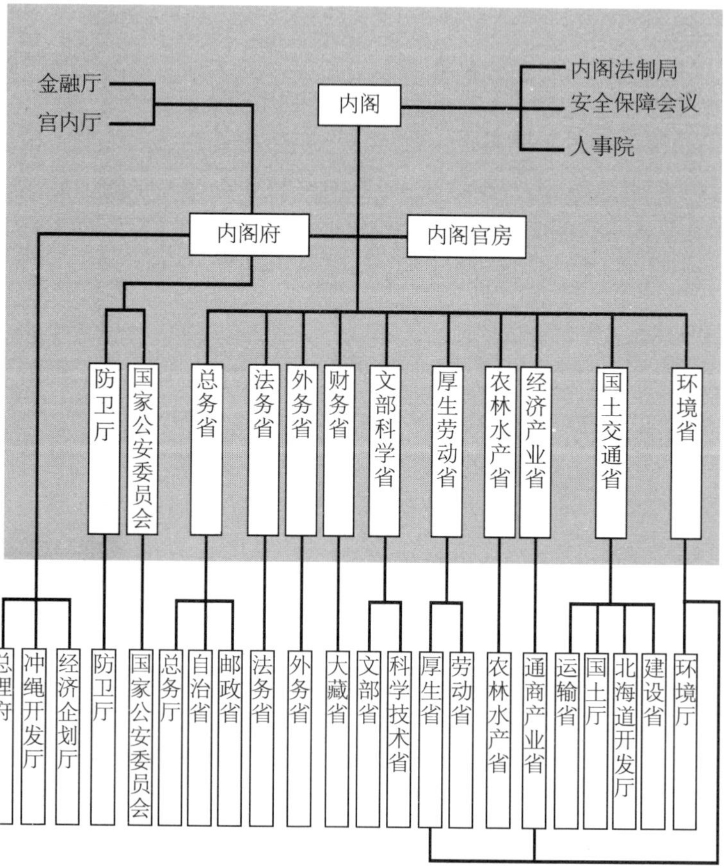

图 5–1　桥本行政改革中的中央省厅重新编制

小渊内阁废止了《财政结构改革法》，并发行逾百万亿日元的国债作为经济对策。政府的借款如滚雪球般膨胀，经济却一如既往，没有恢复。

只称之为“经济对策”而撒钱到公共事业中，却完全没有实施能阻止日本长期衰退的法规松绑，以及真正有助于行政精简化的信息技术投资等政策，也难怪会有这样的结果。

日本的预算分配方式十分没弹性，直到现在下一年度预算还得依前一年度预算的消化状况而定，实在是全球少见的制度。即使说要大幅削减公共事业费用，顶多也只削减个百分之几而已，哪里看得到“大幅削减”？现在小泉说要“公营转民营”，宣布要减少 5% 的公务员人数，但公务员又没投保失业保险，也没有裁撤公务员的法律依据，所以必须先解决这些问题。然而，怎么可能要官僚制定砍自己头的法律？什么法案也没弄出来的议员，又能做什么呢？所以，“小而美的政府”口号讲得再好听，还是和改革相去甚远，政府根本无心改革的真正想法已昭然若揭。

目前，几乎已经没什么力量能遏止“大而无用的政府”了，政府加速扩大财政赤字，最后发展到一种无法阻挡政府债务增加的状态。

2001 年 4 月开始执政的小泉政府虽然对外宣称不进行结构改造就无法让经济恢复，并提出新发国债要控制在 30 万亿日元以下的约定，但也只有第一年度做到了而已。虽然根据财务省内部的数据，2006年可望在睽违5年之后，勉强守住当年的约定，但在年度结束时看，新发国债还是很有可能会超过30万亿日元。而且，问题还不只是新发行的国债。由于要进行财政投融资改革（通过政府金融机构对民间所做的投资与融资），财务省的资金运用部门从2001年开始发行政府的有担保债券（财政投资债券）。大家可能容易忽略这个部分，但其发行额度与新发行债券的规模是同等的。

由于原本是财政投融资财源的邮政储蓄金或年金等预托金已越来越不能满足需求了，为了找寻替代性财源而设计出来的这种财政投资债券，虽然名称不同，但事实上还是一种公债。虽然没有在指标中表示出来，但这种债务如果出了什么问题，还是可能由政府来偿还，所以它其实是一种可能得由国民来负担的债务（见图5–2）。

把借换公债①也算进来的话，日本2008年就必须发行100万亿日元的一批新债券，这是因为小渊政府当年大量发行的公债就要到期。这么一来，为消化这笔债券，目前的零利率政策势必得持续下去。利率上升的话，公债暴跌的可能性就很大。

① 为偿还到期的长期公债而发行，以筹措必要资金的公债。

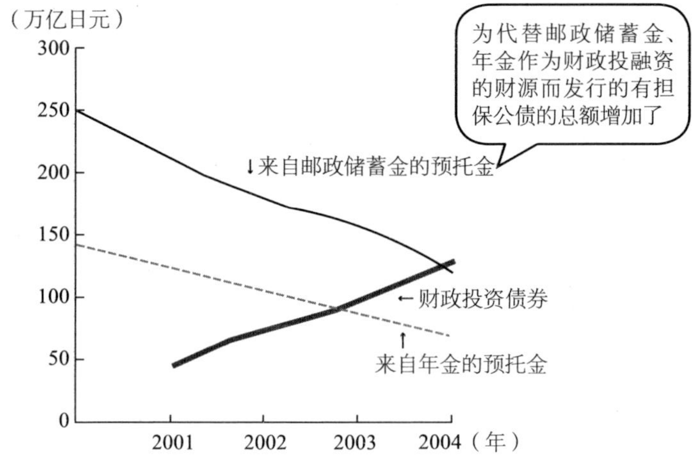

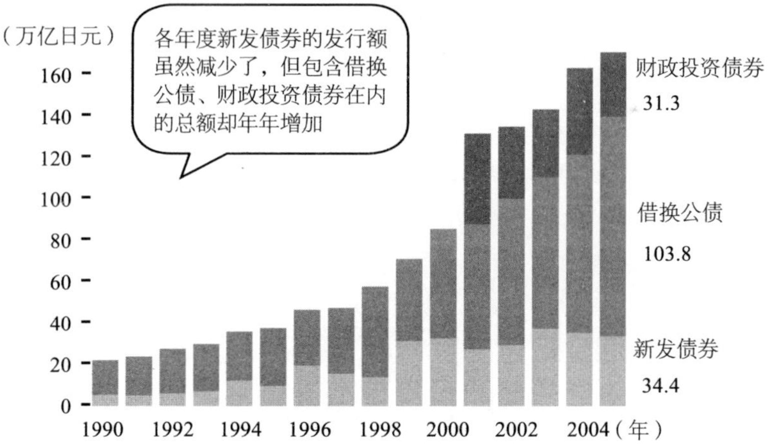

注：财政投融资资金的主要财源的变化。

图 5–2 日本政府的债务状况

资料来源：日本财务省

即便如此，如果现在这种过剩的货币供给继续下去，不动产等的高通胀势必将再度造成泡沫经济。这样的话，全体国民就要在这种毫无益处、一无是处的选项（选泡沫或选公债暴跌）中被迫做出选择。

虽然政府首脑说过任内不会增税，但这种话实在是不负责任到极点。执政者没有说明国家会变得如何，也没有说明如何去应对，反而讲一些以“在我任内……”为前提的话，实在是荒谬。

政党轮替，脑袋没换

虽然日本在2005年9月的众议院选举中，自民党与公明党的联合政权获胜，小泉内阁因而得以延续，但我们来检视一下，到目前为止日本政府的改革到底做了些什么。

小泉政权宣布了好几项改革，其内容如下所示：

特殊法人改革

要执行特殊法人改革的163个法人中，已经废止了136个，大多数都转换为独立行政法人，但这种法人不过是另一批政府官员退休后去担任顾问的新温床而已，这就如同容许官僚“假退休、真牟利”。

公务员的饭碗既铁又金

日本全国公务员人数约400万人。其中，中央公务员约95.8万人，地方公务员约300万人（2004年统计），但在省厅与自治的国家单位外，事实上还有认可法人、特殊法人、独立行政法人、行政委托型法人、公益法人等各种外围团体存在。公务员改革如果不把这些外围团体也包括进来，几乎不会有什么成效（见图5–3）。

虽然目前重新制定了要在2006年起的5年间减少5%的中央公务员，以及在10年间减少20%的阶段目标，但要真正以治本的方式改革公务员制度还差得很远。公务员并未投保失业保险，因此没有方法可以裁掉公务员，也没有法律能让他们失业，而要改革应该先从这些地方着手。

统筹分配就是拿不到

所谓的三位一体改革就是：第一，国库补助金的改革；第二，推动将财源转移给地方；第三，统筹分配税款的改革。小泉内阁虽然推动了削减国库补助金（2005年、2006年总计2.8万亿日元），并将财源转移给地方（2.4万亿日元），但统筹分

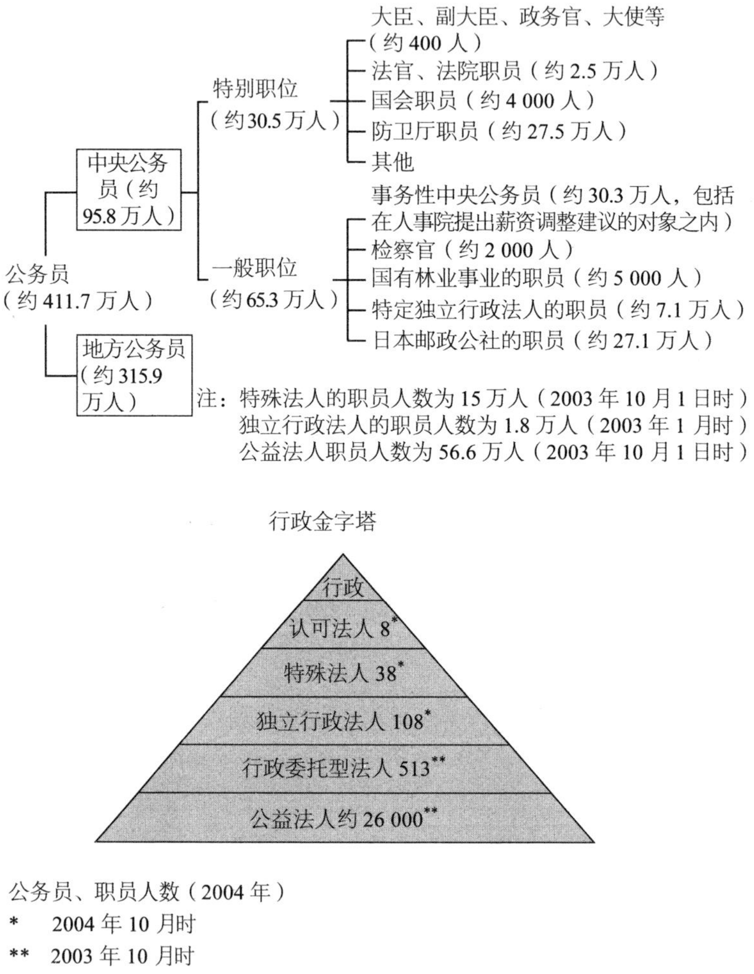

图 5–3　包括外围团体在内的日本公务员、职员人数

配税款却留下了可以调整的空间，让人觉得三位一体在实质上无法做到和以前不同。再者，地方的课税自主权也没有获得强化，这样的改革几乎没有什么意义。

更本质的问题在于统治机制的变更。如果地方自治的单位不是“道州”这么大的区域，即使倡导财源转移，也不会有具体效果。先改为道州制再来讨论财源转移才比较合理，但现在的做法却是倒过来的。

别以为你能领到退休年金

年金改革也是徒有虚名，只是针对国民年金与厚生年金保费增加其保费、减少其给付额而已。小泉政府接手后，就越来越远离年金一体化的道路了。领取年金与负担年金的人之间的差距，已经变得无法拉近。

亏损的国民年金一体化对上班族来说当然是不利的。虽然采取同一制的想法很正确，但到底是要去除目前为止累积起来的差异，还是要保留某种程度的差异？是只看从今以后的部分，还是要溯及既往？只要还没让每个国民都了解这些选择间的差异所代表的意义，事情就无法推展下去。有人估算，年金所隐藏的债务，也就是要彻底履行目前的约定，公共部门会增加800万亿日元的负担。这样的问题应如何应对？谁将因而蒙受损失？这些都必须进行具体讨论。

有资源浪费问题的社会保险厅原本应该是朝废止的方向考虑才对，但却变成朝分割为年金与保险两个部门的方向而去。即使社会保险厅的名字消失了，问题也未必能解决，反而会变得比原先更严重。

全国都应是特区

管制改革原本的卖点是特区，但结果也只是稍稍放宽了一下管制而已，没有什么值得期待的成效。不仅如此，省厅对于公营事业转民营的那种消极态度，实在是昭然若揭。如果直接讲结论，特区这种想法本身就很官僚。说起来大家都对此事视而不见。重点在于为何不能全国都是特区？为何只有局部地域可以自由行事？为什么许可、认可与否还是由政府部门来决定？这些问题，非提不可。

为何银行永不倒？

在金融再生计划中，用于处理不良债权问题的对策，也不过是继续维持超低利率，把损失转嫁到存款人身上而已。其结果是金融机构在体质上越来越依赖公债，银行的国际竞争力也会越来越弱。

储蓄因零利率导致无法生财，换句话说，就是金融机构为了让自己生存下去而夺走了存款人的财富。全体国民应该生气，应该要求这种金融机构倒掉才对，但他们却没这么做。

新经济开始至今，已经20年了。不管企业乐意与否，都必须在网络以及无国界化的新经济大陆中参与激烈的生存之战。然而政府或官僚却一如既往，只认得“旧大陆”，只知道保护自己的领土和少数利益团体，结果受损害的是在新世界中的生活者的利益。

接着我们来检视小泉改革视为中心议题的、成为解散众议院契机的邮政民营化，以及引起媒体大肆报道的道路公团改革。

为何邮局还在吸收资金？

小泉开始提到邮政民营化，是他还只是个新科议员的30年前的事。诚然，30年前的时空背景下，邮政事业仍有其价值，民营化是有意义的。但不可否认，时至今日，这样的主张已经过时了。日本电信电话公司的民营化就是个例子。一方面把日本电信电话公司这种公法人民营化原本就是错的；另一方面在民营化之时，通信业非常景气，因而才得以确保民营化所需的资金。邮政三事业现在已完全失去了应有的魅力，完全没有改制为公法人或民营化的价值。

我在《思考的技术》[①]中详述过关于邮政改革的利弊，在邮政储蓄方面，基本上有银行等民间金融机构已经够了，没有必要普及到这种程度。假设邮政储蓄民营化，由于它没有取得和运用存款的能力，也没有清偿和服务的能力，势必将无法以民间企业的身份存活下来。政府如果补贴它的话就另当别论，但应该不可能有这种事吧！这样的话，它的钱就只能拿来买有担保（其实原本应该是无担保）的公债了。但公债在车站附近的证券公司就能买到，会有多少人好心到愿意负担邮政公司的费用，只为了买公债？

据说政府体系的金融机构目前已经有超过10万亿日元的不良债权，虽然我觉得实际数额应该超过这个数字，但与其投入民众纳税的钱来处理它，还不如交由有存款人压力的邮政储蓄银行来做。

然而，看到现在这些贷款部门那种不负责任的样子，或许

① 《思考的技术》中文版由中信出版社于2007年出版。——编者注

没有人会想把钱存到邮政储蓄银行去吧！即便如此，如果没有贷款部门，邮政储蓄银行就只能拿钱买公债了，这种用钱的方式还是一样粗劣。

邮政的简易保险也是如此，这样的公众服务至少在都市区是不需要的。在没有金融机构的偏远地区，也有功能类似的农会或渔会等单位，所以少了简易保险也没有什么好担心的。即使民营化，投保金额也有 1 000 万日元的上限，缺少保险商品应有的魅力，所以很难以保险公司的身份生存下来。

结果，邮政储蓄与简易保险在民营化后，经营上都会陷入困难，不是卖给外资，就只能拿纳税人的钱来救它。这种缺乏未来性的公司，原本就没有人想买它的股票，最后民营化很可能只是画饼充饥而已。

此外，由于网络与手机短信的影响，邮递事业所运送的东西越来越少，成了衰退产业。但根据《万国邮政公约》，邮政必须确保普及服务，所以除了邮政储蓄与简易保险的部分，邮政股票是无法上市的。唯一的可行之道只有像我在拙作《平成维新》中主张的那样，在国家援助下，以日本递送公团的姿态，把服务项目调整为综合递送"最后一公里"的各式邮件（见图 5–4）。

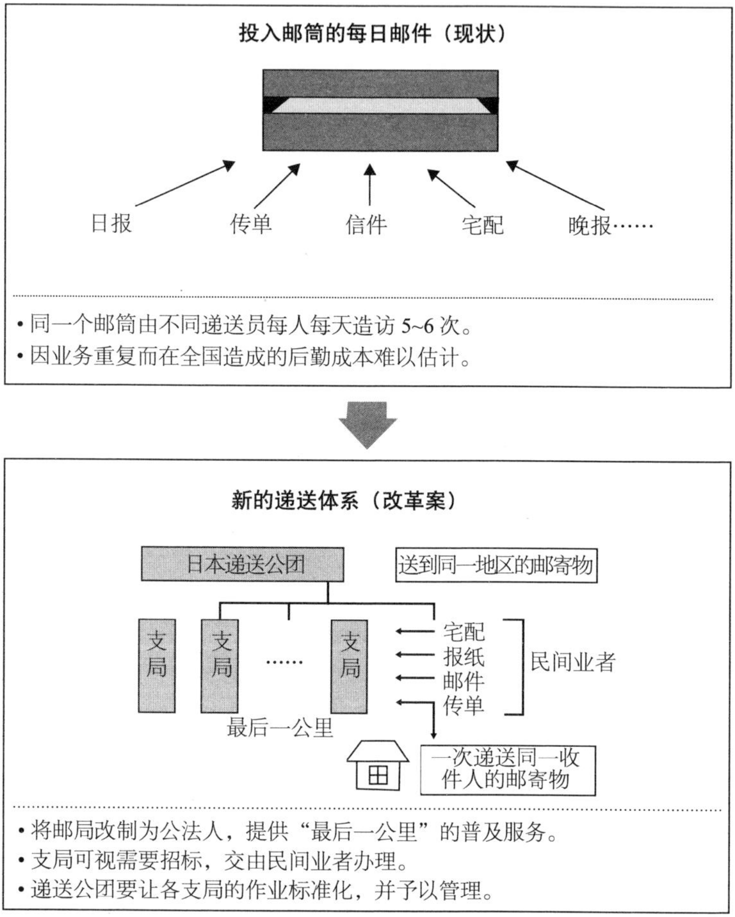

邮局作为承办普及服务的机关改制为公法人，只负责将各支局的业务标准化并予以管理，支局则视需要委托给民间，这样就能提供人数少、效率高的服务。

图 5–4　大前版本的邮政改革

铁路、公路该民营化吗?

2005年10月1日起民营化的道路公团，也在新公司的经营形态上存在很多问题。成立一个继承了40万亿日元债务的新机构（独立行政法人日本高速公路控股暨债务清偿机构）本身就没什么意义，更何况道路本来就应该是拿税金建造的。原本的道路公团应该只有解散一途，却依地域又成立了6家新公司。

可以拿来和道路公团的民营化相比较的，是前国铁的案例。虽然大家都拿它当成功案例，认为国铁在改制之后服务水平提升了，经营状况也大幅改善，但大家可别忘了，清算事业团所继承的28万亿日元债务，最后还是由国民来负担的。最近虽有报道说，这笔债务再加上日本电信电话公司的债务一共回收了13万亿日元，但单以国铁的部分来说的话，大部分还是国民在负担。道路公团也走上了相同的道路，把巨额债务拖延到50年以后。我实在很难相信，50年后垂垂老矣的那些人，真的有能力和意愿还钱吗?

阻碍改革的结构问题

结构改革之所以裹足不前，是因为那些认为现在的结构比较有利于自己的人，以及在现在的结构中获得优惠和保护的人在阻止改革。

在一般企业里，股东的投资应该有相当于投资比例的股利，但事实并非如此。

若把国家当成股份公司，把国民当成股东，然后把负担与受益的机制做成图表，就像图 5–5 那样，对国家股份有限公司投资最多，也就是人数很多、缴税也很多的，是民间企业以及在其中服务的上班族。以产业区分的话，是第二产业与第三产业的从业人员，还有大都市及都市区的居民。然而，发给这些人的股利却极低，反而是人数较少、缴税（投资额）也较少的公务员，既得利益团体，受保护产业、第一产业从业人员以及非都市区的居民，获得了较高的股利。

上班族等大多数国民并不会有组织地投票，他们是一群不会通过选举直接施压给政治家的“沉默的大众”。以股东类型而言，他们就像一般小股东一样。相对地，公务员或农业团体、渔业团体等第一产业从业人员和受法规保护的产业团体等，却会在选举时通过有组织的投票施压给政治家。他们是一群“吵闹的小众”，以公司而言他们就像是优先股东一样，能够获得各种优惠政策。

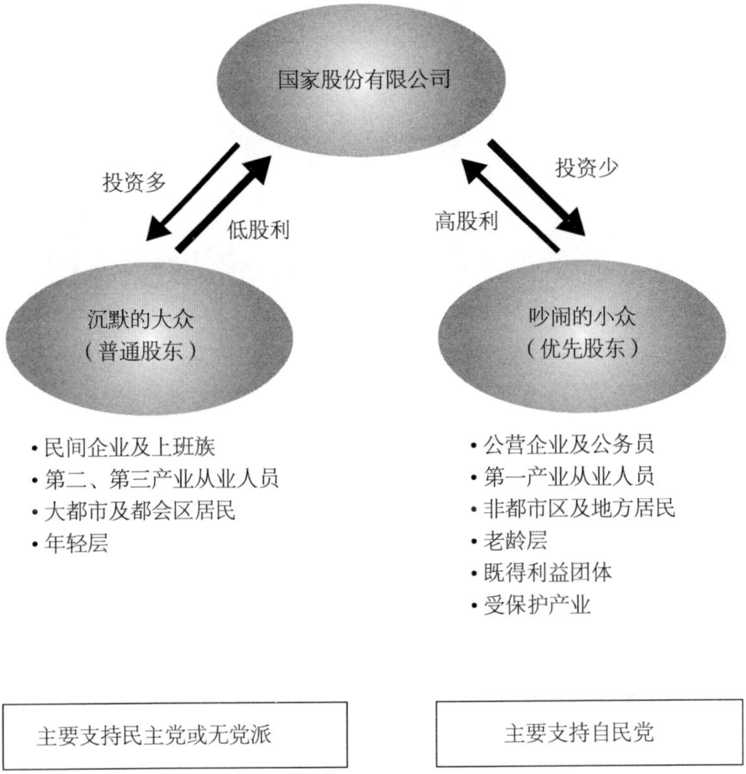

图 5–5　政治造成的负担与受益间的不平衡

不努力工作却有保障的人

不努力工作却有保障的人中，人数最多的就是国家股份有限公司的员工及股东，而享受着最好的优惠政策的就是公务员。如前所述，日本没有可以开除公务员的法律，所以他们的身份完全得到了保障，不必担心裁员问题。此外他们还有各种津贴以及年金的追增计算等，在收入上也获得了优惠。高官退休后还可以担任企业顾问，甚至可能领好几次的高额退休金。整个机制就是这样。

教师占了公务员的大多数，一旦他们取得教师资格、被自治体自治单位雇用，就一辈子获得了“教师身份”的保障。就算他们再怎么缺乏教学能力，或是被诊断出身心有问题，也很难被开除。

除公务员以外能获得身份保障的，是第一产业的从业人员。如第四章所述，日本为保护农民，对进口农作物课以高关税，结果一般国民的生活成本因而变高，农民实质上受到了身份的保障。而且现在由于市场开放，政府也开始讨论收入保障制度的导入，不只是专职农民，连兼职农民也成为保障对象。此外当天灾等因素致使农作物收成差时，他们还可以获得补偿金。

渔业相关从业人员也一样，他们因为有收入保障，所以不出海捕鱼也能有收入。这样的机制目前正在讨论中。在其他国家提供给捕鱼者的收入保障方面，加拿大纽芬兰岛的做法就是其中一例。这里捕到的大西洋鲑鱼很有名，但由于海况经常不佳，所以只要出海捕鱼两天，就会得到一周收入的补偿，借以保障他们的生活。结果，捕鱼人只出海最低限度的天数，渔获量因而锐减。现在他们向面对太平洋的智利进口鲑鱼，再冠上大西洋鲑鱼的名字销售。

这是理所当然的事，只要收入获得了保障，就不会再有人想着工作了。

过去从北海道及东北部地区等地到外地工作的那些来自寒冷地带的季节工作者，在冬季雇佣援护等制度的实施下，生活与雇用都获得了保障。北海道的柏青哥店一到冬天生意就特别好，这是因为即使不工作也有钱可拿，所以大家都不到外地工作了，而跑到柏青哥店去玩。而工程公司的社长则是到冲绳打高尔夫球去了，所以冬天时札幌到那霸（冲绳的机场）的班机都会客满。

我有一个在北海道从事住宅建设的社长朋友曾对我感叹，他好不容易才开发出在冬天的北海道也能进行建筑作业的工法，却因为人们即使休息生活也有保障，所以没人愿意承接他创造出来的工作机会。

相对而言，一般的上班族在遭裁员时却没有补偿，经营者在公司破产时也就意味着一切都完了，根本没有什么保障。不仅如此，向银行提出个人担保的经营者，会连自己的房子都保不住。但不负责任乱借钱给人的银行，却可以受到公共资金以及零利率无微不至的保护。

政府，不准乱花我的钱！

不能让大家都想做公务员

2004年，日本政府的债务总值，包括政府短期债务、财政投资债务，以及地方和中央政府债务在内，合计达1 033万亿日元。相对于此，税收只有区区44万亿日元，而且还有82万亿日元的财政支出（其中有20万亿日元是国债）。以一般家庭来比喻的话，就像是一个年收入440万日元的人，不但背负了1亿日元以上的借款，每年含利息在内还必须支付820万日元。

债务之所以膨胀成这样的原因，除了财政收入减少，也和政府消费支出节节攀升有关（见图5–6）。

那么，怎样才能让这笔债务减少呢？首先非做不可的就是消化债务；其次是削减占财政支出约几成的公务员薪资，也就是通过减少公务员的人数来削减人事成本；最后是撤销不划算

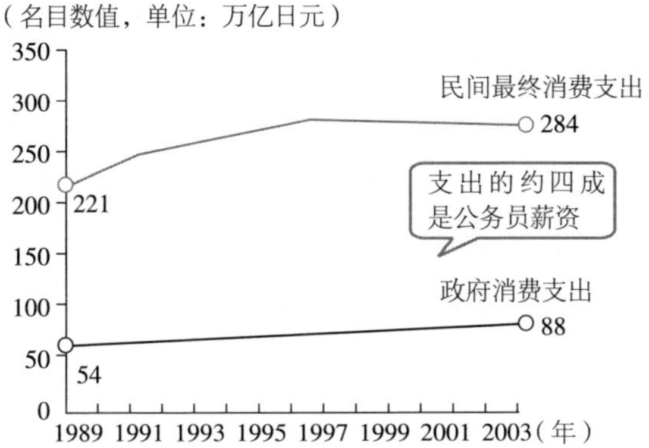

（单位：万亿日元，2004 年）

政府的债务总值

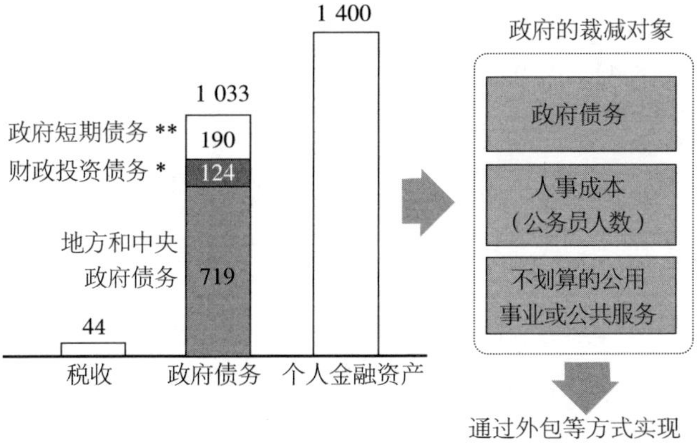

* 财政投资债务是由财政融资资金特别会计发行的有政府担保的公债。

** 政府短期债务是政府短期证券、国库券、财务省借款、存款保险机构借款的总和。

图 5–6 民间最终消费支出与政府消费支出的演变

资料来源：《国民经济计算》（日本内阁府）

的公用事业或公共服务。这三件事是政府再造的当务之急，相信没有人会有异议。

先说说裁撤公务员的部分。公务员不但身份受保障，收入水平和普通的上班族相比，也算是高水平。

过去公务员的薪资水平是比较民间企业来决定的，但进入 20 世纪 90 年代之后，就开始出现差距。如第一章所谈到的，民间企业上班族的收入，在进入 90 年代后增长率就开始趋缓，从 1997 年起变得越来越少。然而，公务员的薪资水平在 20 世纪 90 年代前半期都还很高，1997 年以后也只减少了一点点就没再减少了，所以和上班族间的收入差距拉大了（见图 5–7）。

就算依企业规模来比较也一样。和千人以上的大企业上班族相比，公务员的年收入还比他们高出 40 万日元以上。

但看看公务员每周的工作时间，民间企业是每周 46~47 小时，他们却只上班 43.2 小时，比人家少。即便如此，他们的年收入却比民间企业的上班族高，实在是很划算的工作（见图 5–8）。更有甚者，他们还想尽各种方法要人家提高他们的退休金。那些民间企业的员工会感到心理不平衡，也是理所当然的。

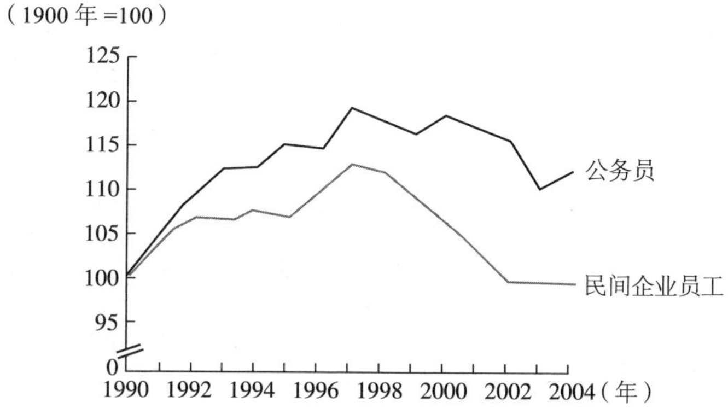

注：家庭调查中，各家庭“家长”的薪资是定期薪资与奖金总和。

图 5–7　公务员与民间企业员工的薪资差距历年资料比较

资料来源：《家庭调查年报》（日本总务省）

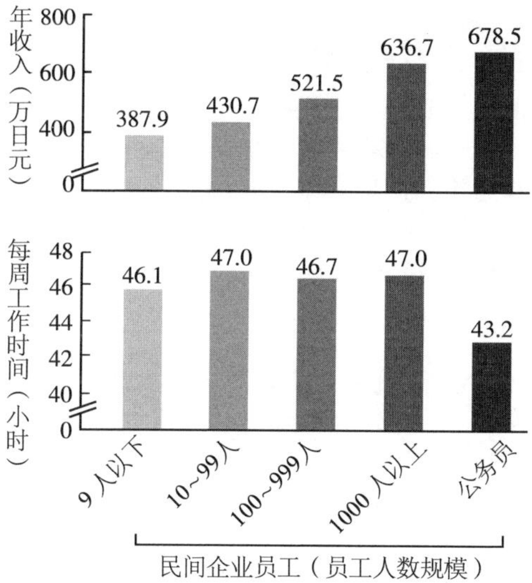

注：针对包括 900 名公务员在内的 17 000 名工作者所做的调查。

图 5–8　从年收入与劳动时间的关联看公务员与民间企业员工的收入差距

资料来源：Recruit Works 研究所

根据日本人事院所做的调查，目前在职的国家公务员之所以想当公务员的最大原因在于“不像企业会破产，工作很稳定”（见图 5–9）。事实上日本也没有能开除公务员的法律，所以一旦当上了公务员，只要没有犯什么重罪，就能一直保有公务员的身份。公务员真可谓日本最大的利益与权力集团。

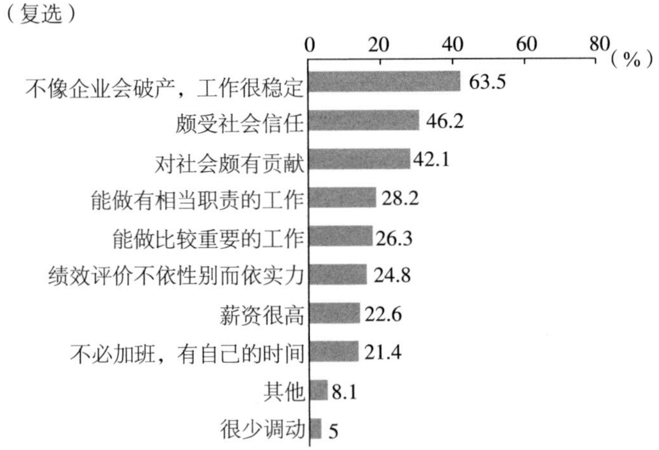

调查对象：20 岁以上的男女各 500 人。

图 5–9　之所以想成为国家公务员的理由

资料来源：《关于国家公务员的观测问卷调查》（日本人事院）

虽然大多数人对此相当生气，但他们又在尽可能地让自己的孩子也当公务员，让他们过好日子。在一项针对父母所做的问卷调查中，问到他们将来想让孩子从事什么职业时，男孩子的父母把公务员列为第一位，女孩子的父母把它列在第二位（见图 5–10）。

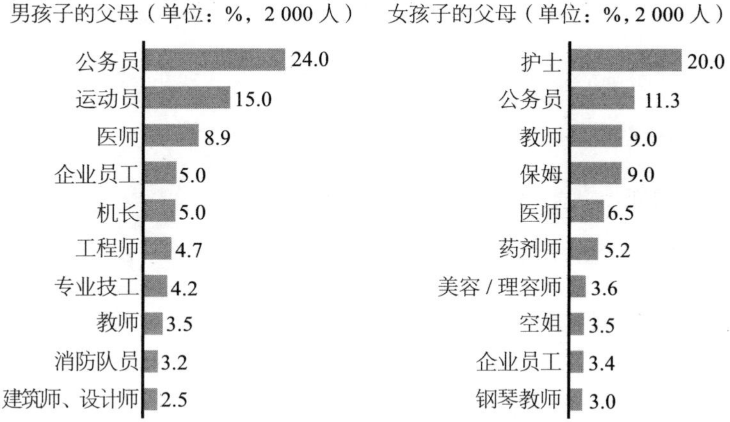

调查对象：孩子就读小学一年级的父母共 4 000 人，2004 年调查数据。

图 5–10　将来想让孩子从事的职业（前 10 名）

资料来源：“孩子将来想从事的职业，父母想让孩子从事的职业”调查（Kuraray 公司）

国家机关的“整数论”造成冗员

地方公务员的工作时间很短也很闲，只要我们观察国家机关的窗口，就会发现大部分人看起来都是一副无聊的样子。

公务员之所以很闲是因为日本的国家机关充斥着“整数论”，工作机制让公务员无法一人兼任数职。大致上说，就是日本的国家机关把约 0.3 人的工作分配给一个人做。即便做三份 0.3 人的工作，一个人也绰绰有余，而日本的国家机关却主张需要三个人来做这些工作。

在民间企业里，员工通常都一人身兼数种业务。工厂里也是，理所当然交由一名多面手负责数种工作，但国家机关的机制却并非如此。

例如，我们到区政府去看看，会发现有民政课、经建课、健保课、社会课、兵役课等好几个窗口，每个窗口都由不同的人负责。这些窗口很少会有合并在一起的情形，所以即便一个人同时负责好几个窗口的业务并不难，公务员也做不到。

举个极端的例子，我们到一些东京以外的机场去，会发现即使飞往海外的航班每天只有一班，出入境管理或海关的人员、警卫等也都各自安排了人力。除了那唯一的航班抵达的前后时间，这些人其他时间到底都在忙些什么呢？

像这样的业务，应该可以要求警官或消防署的职员，或是市公所或图书馆、公会党的职员取得上岗资格，作为兼职工作处理就足够了。

公务员如果可以多任务化，人员至少可以减少到1/3。如果再把一些业务外包，将收到业务整合的效果。除了与社会福利相关的员工，公务员的人数至少可以减少到1/10。

九成公务员都该走人

如果真的有心要做，通过 e 化而彻底提升效率，可以让日本的行政单位以 1/10 的成本运作。若把日本全国各市区乡镇村的业务委托给一家公司，换住址或搬出、搬入等手续就都可以在同一台计算机上作业。由于民众可以直接使用家中的计算机办理手续，各市区乡镇村就不需要民政课的窗口了，对民众来说也相当便利。当然，也可以使用按键式电话或手机来办理。

图 5–11 显示了这样的机制。由于全日本约 2 100 个市町村都是以中央为核心的垂直组织，各地的业务内容几乎相同，特别是代替中央政府执行的业务（法定受托事务、旧有机关委任事务）几乎是全国相同。也就是说，全国各自治体、自治单位大部分的业务，可以全部整合起来进行 BPO（业务流程外包）。反过来说，只要有一家 BPO 公司，就能代替全国各地方自治体、自治单位执行业务。至少在地方制下，只要各县市政府都能有一家 BPO 公司，应该就绰绰有余了。

2004 年时，日本地方公务员人数约为 300 万人，但业务中有九成是可以外包的，所以公务员也有九成可以裁掉。所谓“小而美的政府”，可以看成就是 BPO 政府。

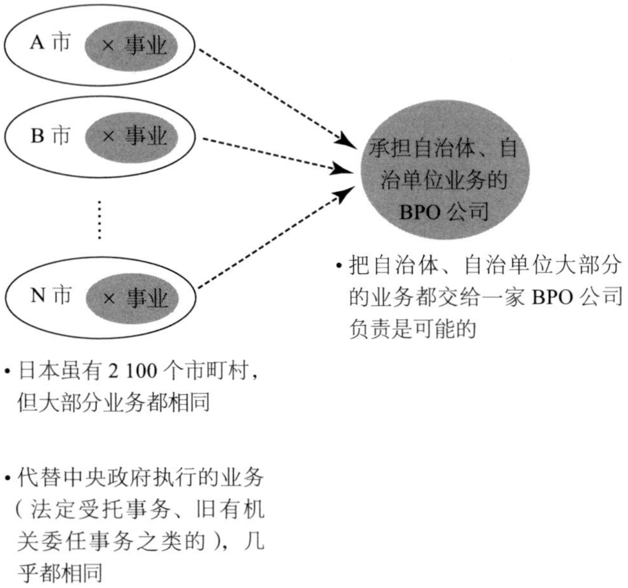

自治体、自治单位业务的 BPO 示意图

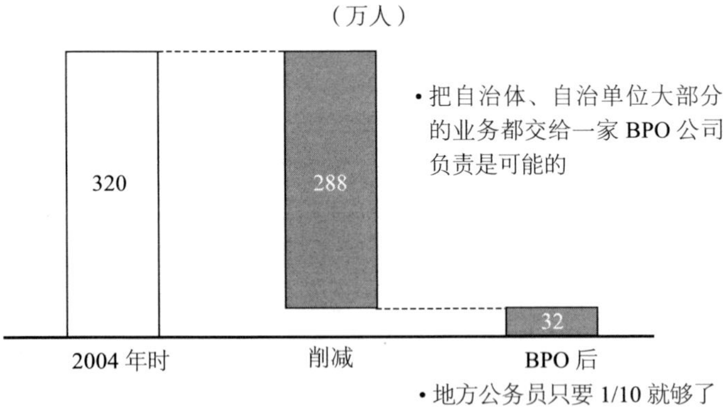

自治体、自治单位业务 BPO 后，公务员人数变动示意图

图 5–11 将行政成本削减至 1/10 的方法

目前外包给民间企业的行政服务，只限于业务流程中较保守的、维持性质的部分而已。除了休闲设施或公园、市民会馆、医院或诊所、老人设施等的管理运营或计算机系统的保养等项目，大概只有国家建筑的警卫与清扫工作、可燃垃圾的收集，以及综合导览业务及电话接听等业务了。

这样的话等于所有工作都由公务员包了，几乎没有什么可以交由民间办理的。但事实上，从企划到预算、设计、设施的建设，还有业务的经营、保养、维修和对此进行的评估鉴定、回馈等事项，以及行政服务的业务流程，全可以外包。医疗、社会福利、教育等各行政服务的业务领域，可以说没有不能外包的。

日本在管制改革、民间开放推展会议中报告说，政府的市场化测试推展室进行的公务市场化测试中，社会保险局的所有事务性工作，以及保险费的征收业务、求职网站的职业介绍业务或年轻族群设施的运营、公款的决算业务、公共设施的保全管理等，都可以由大企业前来应征，并提出新的服务内容。今后预计会暂时委托民间企业承办行政服务，对于经第三方评估鉴定后，认为由民间办理较具优势的项目，就可以实施民营化，委托民间处理。

虽然这里的市场化测试仅限于极有限的业务领域，但只要真的有心进行管制改革，推动外包，除了各业务领域可以有民间企业先后加入，降低行政成本，服务本身也会进一步提升。

当然，对民间企业来说，这无疑是个很大的商业机会。

该民营化的政府业务

事实上，全球各地的国家已经在推动业务外包了。例如，新加坡政府的内政部，就把入境管理系统委托全球性信息技术企业 EDS 办理。新西兰政府社会福利局的社会保险系统，也委托 EDS 办理。

澳大利亚的业务外包正在推动中，政府把不动产的管理与人事外包。南澳大利亚州也把州政府的所有电算处理外包了，维多利亚州则把人事管理业务委托民间企业，观光局的观光营销业务则交付民间广告公司，等等。

在美国不难看到有监狱委托民间企业运营的例子，英国的诺丁汉郡也开始把监狱业务交由一家英美合资的企业办理。

所以，如果能把各式各样的业务外包出去，以目前的价值评估，再换算为资金，一样可能减少负债。负债的减少可望提升发行公债的国家与自治体、自治单位的信用评级。

承接外包工作的企业只要带着合作契约到银行就能借到钱，再把这笔钱付给国家或自治单位才接工作。由于国家或自治单位每年都会支付预算（通常制定的预算上限会越来越低），除了第一天有现金进账，在行政手续上完全没有什么不同。如此一口气把国家或自治单位的借款全部还掉，不但服务质量可以提高，成本也可以根据合约年年降低。一般 BPO 都是这么做的。

可能有人会说裁掉公务员的话，失业者会增加，但基本上业务的外包是把整个业务单位的人力与系统移交给民间企业管理，所以即使因为外包裁掉公务员，失业者也不会增加，只是把业务全部委托给受托企业处理了。承接的行政业务如果做得好，这些企业还可以扩大规模，承接来自其他企业的业务，所以自然都会很努力地去做。

此外，我认为驻外大使馆也可以一并外包。讲到驻外大使，给人的印象都是很了不起的人，不过那只是建交国家的数量、驻外大使馆的数量还很少时人们的刻板印象。除了主要国家，现在全球已有许多和日本建交的国家，应该不是每个国家都必须设置大使馆或建造大使官邸，所以应该讨论是否能把绝大部分业务外包给综合性的大型企业。

教师最该优胜劣汰

在地方公务员中，人数众多的事实上是教师（见图 5–12）。以部门来看，地方公务员的 300 多万人中，教职人员就占了 115 万人。然而，由于少子化的趋势，生育人数已经减少，但学校教师和其他公务员一样，没有制度可以让他们走人。

即使在某一地区有 15% 的教师都有身心障碍的问题，但由于不能开除他们，只好搭配其他教师，两个人一起教学，这就要花双倍的成本。

被这种教师教的学生也感到很困扰，但行政系统却有个最大的特征，就是完全不顾服务接受者（孩子们）的感受，只依自己的方便强行实施。

只要取得教师资格，就能一辈子保有。但若能在不胜任时予以开除，让当事人找到更适合自己的其他职业，不但对他们好，对学生也好。

若能将教学信息技术化，至少可以让教授知识的教师人数减少到 1/10。我在日本首创运用网络、完全远程教学的网上研究所，由于是最优秀的教师来教，所以教学质量自然提高，学生不管在全球哪个角落，都能依最适合自己的步调来学习。由

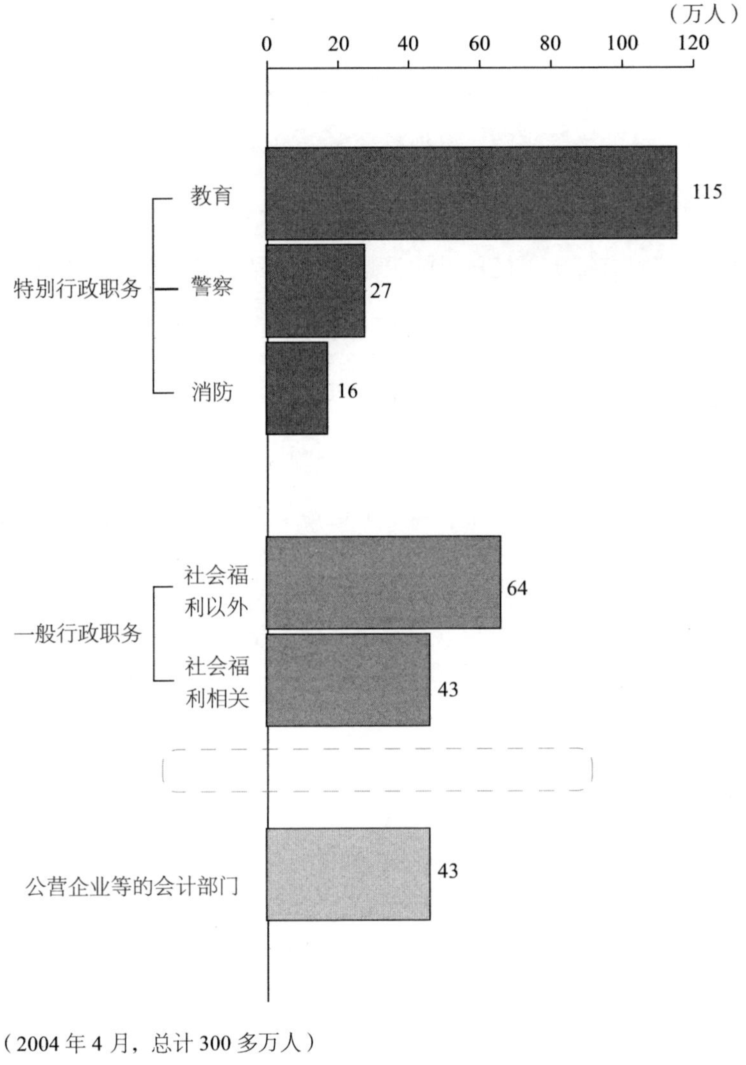

图 5–12　地方公务员依部门分类的职员人数

资料来源：日本总务省

于网络也能细腻地应对学生们的个别问题，所以效果很好。

只要以相同的方法，例如把高中数学交由河合塾等教学方式最好的教师来教，再把教学内容通过网络向全国播放就行了。事实上，这种超人气的教师的教学只要通过卫星向全国播放，就能有每年 1 亿日元的报酬。全国只要有一名数学教师就够了，一年给他 1 亿日元实在是太划算了。

其他教师则进行辅助教学，只要协助每位学生发挥创造力即可，或是在当前的教育中教德育、做毕业指导等，把学生教好就行了。教师的工作原本就不是要囫囵吞枣地照着学习指导要领的内容去做，而是要协助学生成长，让他们成为能自立的社会人。通过这样的改革，教师不会失业，只是回到了原本该做的工作上而已。

即便如此，教师人数也只要目前的1/3，应该也就够了吧！

如果只能改革一件事，就改教育

若有人问我："如果只能改革一件事，要改哪一件？"我会毫不犹豫地回答："教育！"

现在，全球正进入一个像比尔·盖茨那种天才就能影响整个经济的时代，也是人才竞争的时代。在这里所谓的人才，并非一般人所讲的“会读书的孩子”“别人说什么他就照着做好的孩子”，这里讲的是“能以自己的力量思考、行动”的自主型人才。他们必须有能力在新经济这片“看不见的大陆”上，自己开拓未开发的领地。

现在的学校教育却在大量产出在新世界中完全无法成材的学生。为了让日本摆脱长期衰退，开启全新的繁荣道路，要把教育改革视为最重要的议题。

中低阶层如果想以全球水平享受符合自己收入水平的上层阶层生活，就应该学习并实践美国在 20 世纪 80 年代流行的法规松绑、经济自由化等做法。至于教育方面，我认为应该向北欧学习。

北欧社会的老龄化趋势发生得比日本还早，20 世纪 80 年代时外界称之为“自由性爱”“无成本竞争力的高社会福利国度”，属于经济不振的那种国家。1990—1992 年北欧发生金融危机，实质 GDP 增长率甚至变为负值，芬兰在 1991 年的 GDP 增长率甚至为 –6%。

但之后就像手机生产商诺基亚一样，北欧国家以信息技术产业为中心，成功上演了复苏戏法。“北欧四国”的各项国际竞争力都远胜日本，进入全球前 10 名（见表 5–1）。

表 5–1 全球竞争力排名（2005 年）

瑞士洛桑国际管理发展学院（IMD）		世界经济论坛	
1	美国	1	芬兰
2	中国香港	2	美国
3	新加坡	3	瑞典
4	冰岛	4	丹麦
5	加拿大	5	中国台湾
6	芬兰	6	新加坡
7	丹麦	7	冰岛
8	瑞士	8	瑞士
9	澳大利亚	9	挪威
10	卢森堡	10	澳大利亚
11	中国台湾	11	荷兰
12	爱尔兰	12	日本
13	荷兰	13	英国
14	瑞典	14	加拿大
15	挪威	15	德国
16	日本		

资料来源：《全球竞争力报告》（世界经济论坛）、《世界竞争力年报》（瑞士洛桑国际管理发展学院）

之所以如此，根源就在于北欧各国的教育。

这些国家的教育严禁用“教”（teach）这个字，而要讲“学”（learn）。所谓的“教”，就是以“有答案”为前提，由知道答案的人来教别人。但在 21 世纪的今天，世界上充满了没有答案的问题，所以北欧国家不主张“教”，而要贯彻“孩子自己学”的想法。

丹麦的学校教育相关人士就表示，丹麦的老师最感到欣慰的就是，“全班 25 个学生，每个人都有不同的回答”。

自己思考，自己找答案，这种能力有助于在现实社会中立足。培养学生的这种能力，才是真正的教育。

北欧各国特别注重信息技术教育、英语教育、领导教育和创业家教育等课程。创业家教育会从幼儿园开始就让孩子思考：如果自己要开水果蔬菜店，店面要怎么摆，要从哪里进货，要有多少利润，要用什么方法吸引顾客，卖剩的商品要如何处理等问题。芬兰的小学教育也告诉孩子，“像芬兰这么小的国家，务必要创造出国际化企业活跃于全球”。这样的教育方针可谓极其正确。

人口只有500万~900万的北欧各国却能创造出全球顶尖企业，这证明了它们的教育是正确的。例如，丹麦有全球最大的助听器生产商威廉·戴蒙特、风力发电装置生产大厂NEG Micon与Vestas；芬兰有诺基亚及通信大厂TeliaSonera；瑞典有爱立信、伊莱克斯、OMX（证交所）等。不光是企业，国际性的非营利性法人也有很多领导者出身北欧。

街头智者造就新繁荣

欧美有所谓“学院智者”（academic smart）与“街头智者”（street smart）的说法。学院智者在校成绩良好，擅长把别人已决定的事情很有效率地做好。目前为止，一般人称为精英的那群人都属此类。然而，在碰到从未体验过的新问题时，他们却全无应对能力，败下阵来。因为“并无前例”就停止思考的精英官僚，就是这种典型。

反观街头智者（言下之意，他们是在街头成长起来的），他们是一群在真实社会中积累经验而崛起的人。他们善于构筑人际关系，失败了也不退缩，在无路可走时，能自己抓住机会找到新路。在全无范本可参考的混乱时代，能开创新局面的毫无疑问就是街头智者。过去在二战后的混乱中，创办全球数一数二企业的松下幸之助、本田宗一郎与川上源一等人，全属此类。

现在的商业世界就像美国西部拓荒时代一样，大家都在新经济催生出来的“新大陆”上竞相开拓。在这样的时代里，任何人都可能因为新想法或新商业模式赢得广大领土。

这种混乱的时代最需要的，并非目前为止学校培育出来的那种学院智者，而是能在现实环境中独立思考、自己为没有答案的问题找到答案的街头智者。北欧之所以能从低迷经济中脱身，可以说就是因为它们的教育培养出了街头智者。

教育要能取得成果，需要花一定的时间。我们如果真的想构筑新繁荣，就必须进行教育改革，让学院智者可以通过“质的变化”转换为街头智者，这才是真正最重要、最紧急的课题。

第六章 新繁荣法则

为了脱离长期衰退，走上新的繁荣之路，必须导入符合新时代的社会体系与税制，在日本国内发展经济圈，用别国的钱繁荣本地。

让政府变有钱的简单方法

别再加重年轻人的负担

为了脱离长期衰退、走上新的繁荣之路，就必须导入符合新时代的社会体系与税制。

由于高负担社会的压力节节攀升，国家无法奢言什么新繁荣，甚至可能走向破产。因此，有必要彻底改革税制，但目前的税制却渐渐走向错误的发展方向。

日本定率减税[①]的阶段性废除，各种扣除额

---

① 1999 年小渊内阁为改善经济所导入的永久性减税政策的一部分。所得税额的 20%（上限 25 万日元）与个人居民税额的 15%（上限 4 万日元）可以扣除免缴，以减少国民的家庭负担。——译者注

的重新讨论，以及社会保险费用的增加等，让 2005 年成为“负担增加元年”。此外，政府税制调查会的石弘光会长（一桥大学荣誉教授）也在2005年6月的《重新讨论个人所得税的报告书》中提出了一些建议，包括缩减薪资所得扣除额、废除配偶扣除额、废除特定亲属抚养扣除额，以及重新讨论退休所得扣除额等。

这些建议等于是以上班族为增税目标，证据就在于石弘光先生自己讲的，“只能希望上班族多努力了”。上班族绝对不会原谅这样的税制调查会长。

如前一章所言，行政成本有九成是可能被削减的。政府不但怠于削减成本，还以政府需要这笔钱为前提，让提出“只能废除扣除额了”“请上班族多努力”等建议的人来进行税务调查，实在是很奇怪的一件事。对国民来说，没有比这件事更不幸的了。

这就像在对大家说，“以前政府是故意放水让大家不用交这笔钱的，所以现在废除这些扣除额，当然也是政府的权利”。我认为这是错得离谱的想法。

国民终于开始注意到政府在骗他们了。在有关财政问题的民意调查中，针对“财政重建是否无可奈何，非增税不可”的

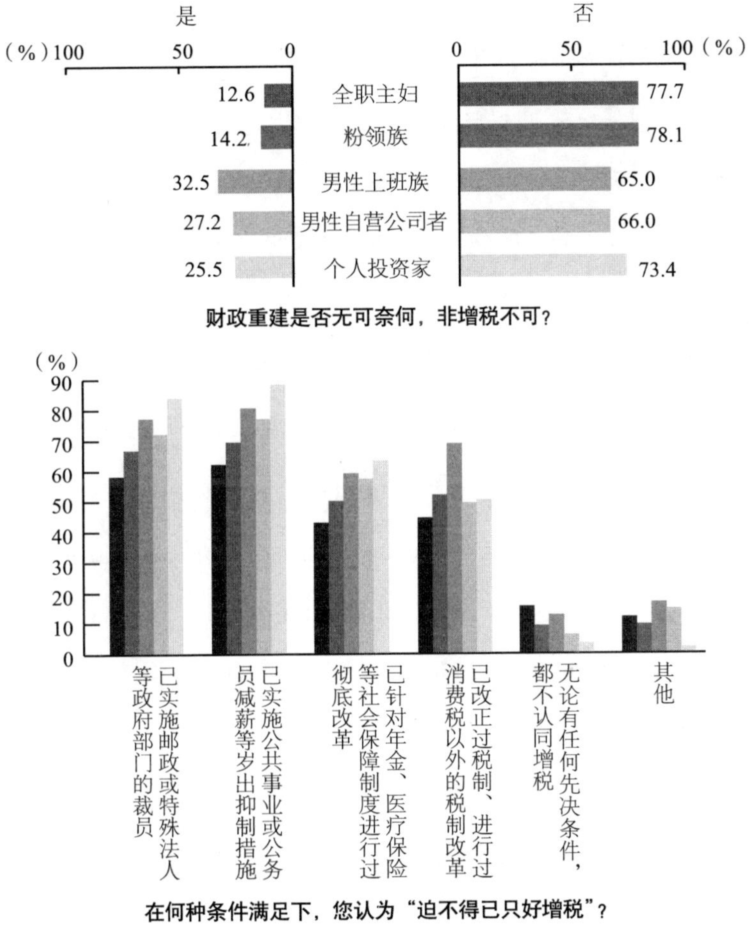

调查对象：全职主妇、上班族、自营公司者、个人投资家，有效回答问卷 1 927 份。

图 6–1　针对财政问题的民意调查

资料来源：《东洋经济周刊》（2005 年 2 月 5 日）

问题，回答“否”的人约占七成（见图6–1）。大部分人所认同的增税条件是“政府部门先重整结构”“先减少公共事业或削减公务员薪资来抑制财政支出”“彻底改革年金、医疗保险等社会保险制度”。这样的意见真是极其中肯。

由于收入阶层的两极化，现在M型社会已形成，步入了一个有八成国民属中低阶层及低层阶层的时代。平均收入减少了，薪资流量越来越小，反之个人金融资产等项目的存量则渐渐上升。这对没有什么资产存量的年轻人来说，是极不公平的。

年轻人的负担很重，他们能领到的年金数额比自己缴纳的金额还少，用于照顾老龄者的健康保险与照护保险等负担也变得更重了。若要在这种状况下对日渐减少的收入进一步课税，极可能会引起年轻人的强烈反对，会引发争执，年轻人会放弃对老龄者的照顾，拒绝缴纳年金或保险费用。政局可能也会因而不稳，出现更多因承受不住高额负担而铤而走险（比如犯罪）的情形。

政府目前的税制调查，必然会造成这样的结果。

连这种想当然的结果都无法事先预知，这种视野狭窄的人，不能让他负责税制调查的工作。只会凑数字的那种“数学人类”，不可能想出什么能彻底改善税制的好方法。现在我们已经到了重新讨论整个赋税制度的时候了。应该讨论的是，以何种形式收税才正确，采用何种税制才公正。如果不考虑这些，政府根本称不上是在进行税制调查。

不能把这种任务指派给那些只懂得加减乘除的官僚或学者。如果不能考虑现状与未来，彻底改变一直以来的想法，跳出既有框架，就找不到能回答这个问题的最佳答案。

那么，对目前的我们来说，对未来的人而言，什么样的税制才是最好的呢？这样的税制必须能让社会摆脱高负担时代，又能同时引领国家走向新繁荣。

老龄社会只要两种税

依我之见，老龄社会基本上只要收两种税就行了。

其一是针对资产所征收的税。日本目前的所得税税收只有14万亿日元，若今后国民收入减少，即使对这部分增税，也只会让国民觉得税负很重而已，对增加实际税收的效果很有限。增加所得税的想法，原本就是有问题的。

如图6–2所示，日本的民间薪资总额（即流量）在20世纪90年代后半期开始急速减少，但这并非纯粹是由不景气造成的。少子老龄化使就业人口减少，薪资总额自然也就减少了。

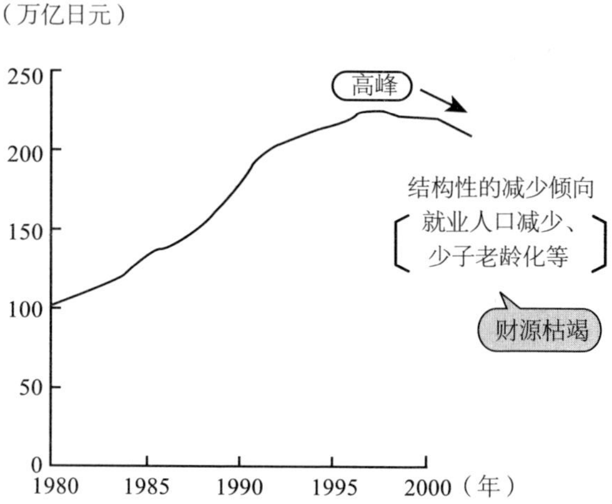

图 6–2　民间薪资总额的演变（流量）

也就是说，薪资总额的减少是结构性问题，未来若持续采用所得税那种流量式征税的话，财源会越来越少。

再看看家庭的金融资产总额，也就是存量的演变，会发现自 20 世纪 90 年代后半期以来，薪资总额几乎没有怎么减少（见图 6–3）。简单地说，少子老龄化社会是一个资产增加、收入减少的时代。

这样的结构和成熟社会不谋而合。在日本高度成长期的社会形态中，对薪资征税是理所当然的想法。随薪资的增加而增加税收是有必要的，进而兴建成长所需的基础架构，并为即将到来的成熟社会做准备。不过，一旦结束成长期而进入成熟期，

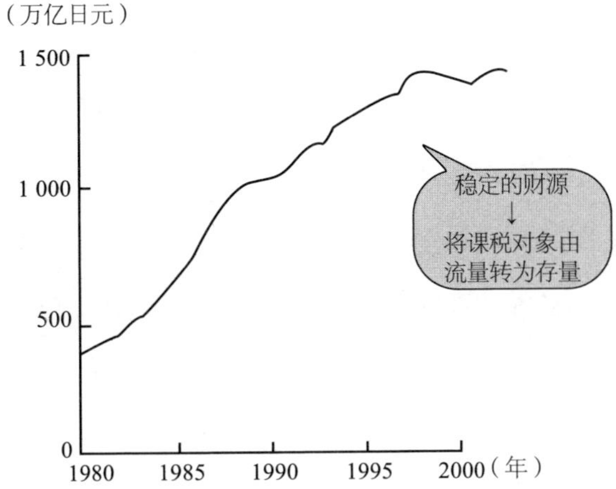

图 6–3 家庭的金融资产总额的演变（存量）

资料来源：日本国税厅“民间薪资状况统计调查”、日本银行“资金循环统计”

任何经济大国的薪资总额都会减少，而成为一个倚靠当前所积蓄资产的存量大国。此时若以薪资为征税对象，将无法满足成熟社会之所需。

美国的“里根革命”缓和了对薪资流量所征收的税，降低了税率，并把累进税率简化为 0、15%、28% 三个等级。所得税率本身虽然降低，总税收反而增加。现在美国各州以消费税为主要税收，乡镇市则以资产税为主。

别吃定上班族

现在我们最应该采取的良策就是停止课征所得税，改征资产税。针对流动资产与固定资产估算时价征税，例如1%的税。

日本国民人均金融资产为1 144万日元（2001年），位列全球第二，仅次于美国。若把法人所持有的资产也加进来，日本整体的国民资产共有金融资产约5 593万亿日元，土地等非金融资产约2 552万亿日元，合计约8 145万亿日元（2003年）。从中再扣掉房贷或企业债务等日本整体的负债额5 420万亿日元，可得2 725万亿日元的净资产值。若课以1%的税，可以有约27万亿日元的税收（见图6–4）。目前日本的税收，所得税与法人税合计也只有24万亿日元而已，比27万亿日元这个数字还低。

关于资产，若能以一种叫净现值法的方式完全计算出来，会比捕捉率很差、像竹篓一样的所得税方式还要公正。此外，这也可以让像征税制不公平的“十、五、三”[①]的偏颇消失。

此外，从企业征收的法人税，也应和所得税一起废除。无论个人还是企业，不针对其所得征税，是这种新方式的基本想法。不管是个人还是企业，只要收入增加，都应该予以鼓励。

① 所谓的“十、五、三”是指上班族的收入情况100%会被税务机关掌握；商家与农民则因为有“费用可以先扣除”等因素，被税务机关掌握的大约分别只有50%与30%而已。此值又被称为“收入捕捉率”。因收入性质的不同导致收入捕捉率不同，会造成税收上的不公平。

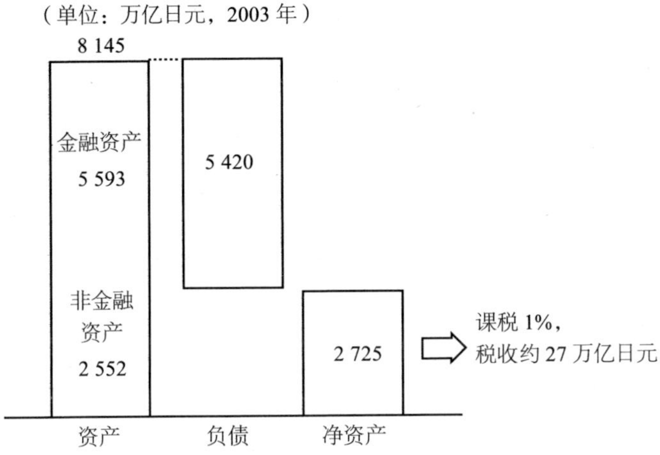

注：由于四舍五入，总值并非刚好二者之和。

日本的国民资产（净资产值）

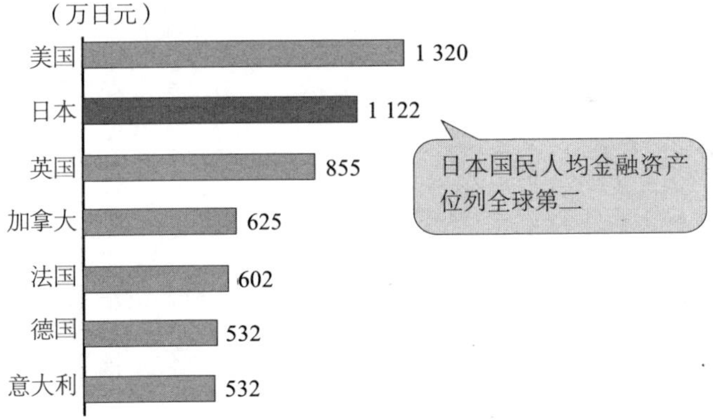

注：日本、美国为 2005 年 6 月底的数值，其他国家为 2001 年年底的数值。

家庭人均金融资产之全球比较

图 6–4　日本是资产富足的国家

如果赚得越多，就被政府“剥削”得越多，不但个人努力赚钱的意愿会降低，甚至会不想继续维持自己的事业了。

停止征所得税而改为征资产税有两个好处：其一，劳动意愿会增加，勤劳的人会有更多收入；其二，可以促进资产的流动。庞大的金融资产纹丝不动，会阻碍经济的活化，以人体比喻的话，就像血液无法顺畅流通一样。土地也一样，除了遗产继承以外都没有什么流动，会使土地无法被活用。如果针对资产征税，大家会不得不把手边用不到的资产卖掉，从而使年轻人也有机会取得资产。

KOKUDO 公司（西武集团的母公司）的资产号称有 42 万亿日元（泡沫经济全盛期时），却长年没付税金，其原因简单来讲在于“事业不赚钱，所以不缴税”。然而，只要征收 1% 的资产税，该公司就必须每年支付 4 200 亿日元的税款，迫使其无法再占着土地却不使用。

征收资产税还可以免除遗产税。也就是说，继承资产的人要支付和原来一样的资产税，不会发生量的变化。所以针对继承，资产税是保持中立的。澳大利亚等地没有遗产税，就是基于这样的想法。

征收资产税可以去除资产固定不动的弊端，让经济活化起来，同时也让人的心情活化起来。有人怕持有资产的老龄者会反对，但我认为，老龄者都很了解年轻人所处的环境是何等严酷，所以应该会为了年轻一辈而干脆地接受资产税。

征收增值税以及不该征收的税

我所构思的另一种税制是增值税。它不像消费税那样针对消费行为征税，而是在产品或服务增加了附加价值时征税。

例如，某产品到决定销售价格为止，会经历原材料的阶段、加工原材料制作产品的阶段、流通的阶段，以及在商店销售等阶段。每个阶段的附加价值加起来，才决定了其最终价格。对在各阶段所附加的价值征税，就是增值税的基本出发点。

日本现行的消费税有很多漏征的部分。即便征了 5% 的税，也只有约 10 万亿日元的税收而已（2003 年是 94 814 亿日元）。不过，只要改为增值税，导入透明度高的发票方式，就能正确算出附加价值和征收税金。增值税的发票方式已在欧洲各国被引入，发票（购物凭单）上会依项目载明其税率，所以无法作弊。

此外，现行的法人税是扣除销售额的各种经费或损失后，对获利部分进行征税的税种。但由于法人税的税率很高，企业都热衷于寻找各种漏洞，设法用造假的费用或损失让获利看起来比较少。但如果取消法人税，只征收5%左右的增值税，他们就不会把心思花在想各种花招上了，因为花力气提升销售额更有价值，而设想各种玩弄小聪明的节税对策会变得没有意义（见图6–5）。

只要废止法人税，只对企业征收增值税，不但国家征税的效率会提升，也能促进企业的活力。

那么持有股票的人又如何呢？当然，和储蓄一样，会对股票以资产期末时的市价征1%的资产税。但由于企业没必要像现在这样以税后利益配股了，而且配股所得也不必征税，所以这1%的负担事实上会比现在还轻。非上市公司在上市时会被征收5%的增值税，而非现行的资本增值税。

总之，所有经济行为都可以用这两种税制掌握。除此之外，其他税都可以废止。这是我提议的重点所在。

保险与年金等又如何呢？在保险的部分，对储蓄型保险（针对其预期存量）征收资产税，对定期保险则在支付保费时征收增值税。至于年金部分，则依照当时所累积的市价征收1%的资产税。

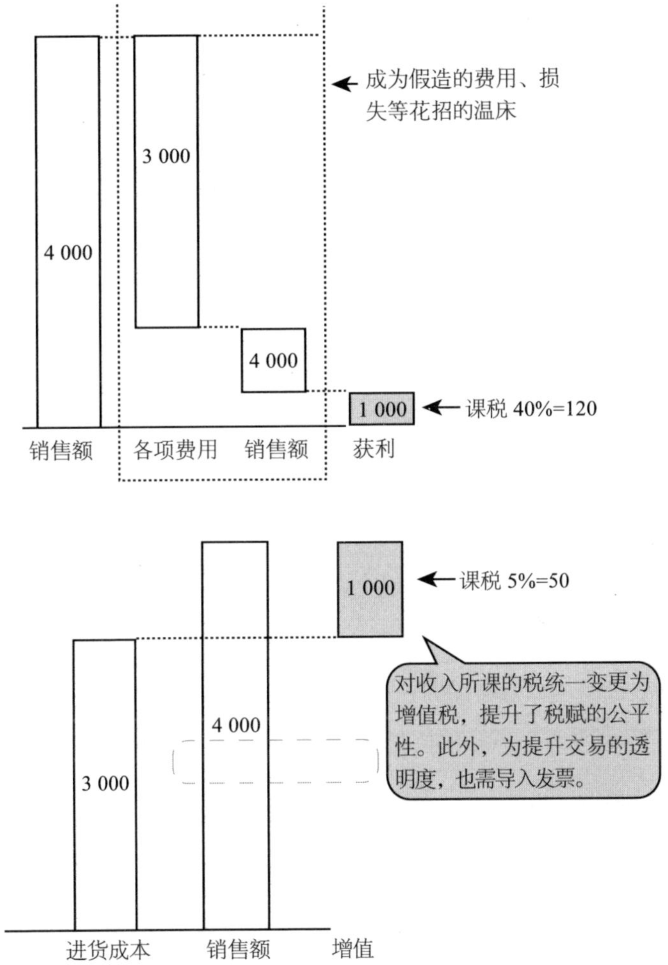

大前研一提出的“法人税变更为增值税”的做法（单位：万亿日元）

图 6–5　假设法人税变成增值税

中央别跟地方抢钱

日本各阶段产出的附加价值，合计就是 GDP。日本的 GDP 约为 500 万亿日元，所以若设定增值税为 10%，就是 50 万亿日元的税收，5% 就是 25 万亿日元的税收。

如果再加上资产税的 27 万亿日元，在 10% 的增值税下，总税收会有 77 万亿日元；在 5% 的增值税下，总税收会有 52 万亿日元。因此根据我所提出的税制，即便只收 5% 的增值税，也高于目前的总税收。

52 万亿日元虽然不足以涵盖包括公债费用在内的政府财政支出，但如前章所述，只要进行彻头彻尾的政府再造，大幅削减政府财政支出，即使把增值税的税率保持在 5%，毫无疑问，政府的财政也能成为黑字（政府的收入大于支出）。

采用资产税与增值税两套做法的话，老龄者中的资产丰富者将会负担起税金，年轻人也有机会取得资产，应该是相当公平的税制。税收单位也几乎没有什么事情好做了。

配合我所提议的税制，我设想了结合中央与地方的整体性税制。

在日本目前的税收结构中，中央税款由所得税、法人税、消费税、其他税（酒税、烟税、汽油税等）构成，而地方税分为道府县税与市町村税。道府县税包括道府县民税、事业税、地方消费税和其他税。市町村税则有市町村民税、固定资产税和其他税等项目，像是在以各种名目零零碎碎地收取税款。

如果调整为以道州、社群为中心的税收结构，就像图 6–6 那样，项目会十分清楚。

道州制的部分容后再述，简单说就是把日本分为 11 个道州，其下的市区町村则重新编制，变成 1 000 个左右的社群。征税权基本上交由各道州与各社群，把增值税视为道州税，把资产税视为社群税，各缴纳所收税款的 5% 给中央。

从国际上来看，在地方税的部分导入资产税的国家并不算少。特别是英国等几个国家，多半都采用资产税。英国的地方税百分之百如此，加拿大的州税虽以所得税与消费税为中心，乡镇市则有 86.2% 的税收靠的是资产税。美国也一样，州税靠消费税与所得税，乡镇市则七成以上依赖资产税（见图 6–7）。

以这种形式试算，日本社群的税收是国民资产的 1%，约为 27 万亿日元。这一财源可用于教育、医疗、治安、基础架构等层面，从而构筑起安全而舒适的社群。

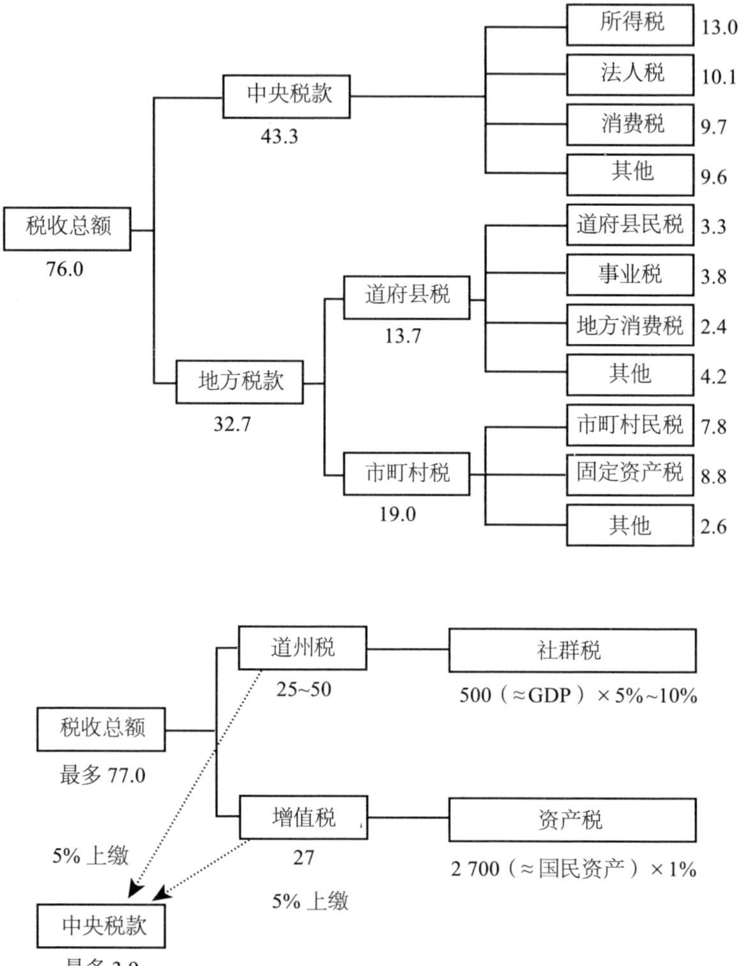

以道州、社群为中心的税收结构（单位：万亿日元）

图 6–6　日本现行的税收结构（2003 年）

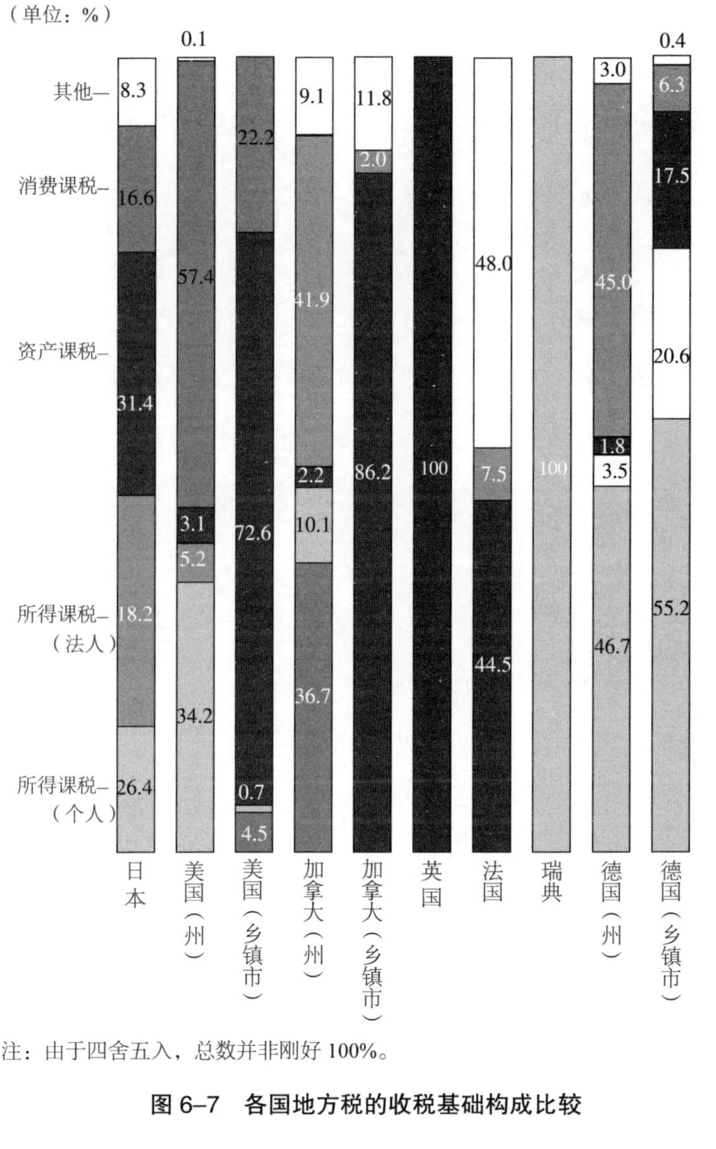

注：由于四舍五入，总数并非刚好 100%。

图 6–7　各国地方税的收税基础构成比较

道州的税收则来自增值税，税率由拥有征税权的各道州地方政府在 5%~10% 的范围内自己决定。这一财源可用于振兴各道州产业，创造工作机会。在产业振兴的条件下，GDP 将可上升，进而增加税收。GDP 不增长，税收就会减少，所以各道州都会绞尽脑汁振兴产业，吸引外国企业，吸引资金。道州之间因而会有所竞争，整体来看日本的经济将更有活力。

此外道州、社群也会把 5% 的税收交给国家（中央政府）。国家的税收预算约为 4 万亿日元，以此为财源可以做外交、国防、货币管理等只有国家能做的事。反过来说，除了只有国家能做的事，其他事都可以委由道州、社群来处理。确保工作机会的产业基础就由道州处理，生活基础就由社群处理，日本这个国家最根本的统治责任体制将更加明确。此外，本提案也可以让行政单位的责任与税制（财源）一致。

全球化时代的繁荣要件

用别国的钱来繁荣本地

日本的生活成本很高，大众感受不到富足，固然是因为各种法规限制或利益结构，但之所以形成这种偏颇的社会结构，

“万恶的根源”在于全球也很少看到的极度中央集权，使日本成为一个只有单轨经济结构的国家。所有的财富都集中到东京，再从东京重新分配。以此为前提的经济活动，产生了既得权利，也培养出一群既得权利者。此外，由于那批落后时代已久的中央官僚或政治家头脑的水平有限，所以能进行的改革也很有限，除了只会反复进行政府税制调查或召开经济策略会议，就什么也没有了。

在富国强兵的明治时代也就算了，但日本若到现在还由中央掌握大权，可就有点不合时宜了。地方若未能依自己的创意培育产业，只知道依赖从中央流回来的经费，只会永远无法自立，变得越来越弱。这说的并非目前大家正在讨论的将财源转移给地方，而是国家的结构，即有必要对统治机构进行根本性的改革。

要钱的话，全球到处都是。这些钱不是我们纳税人的钱，而是其他国家的钱。现在，我们已进入一个要从海外把繁荣带回国内来的大竞争时代了。在这样的时空中，全球的钱却几乎不流向日本，这是因为以目前日本的吸引力，完全无法吸引别的国家。

我在 1986 年出版的《新·国富论》中，曾表示有必要进行第二次废藩置县[1]的措施，这正是现在的日本所需要的。

这样的想法与目前常被提到的地方分权是完全不同的概念。地方分权是仍保留东京的那些官僚机构，只把部分权限分给地方而已，中央集权的结构还是没变。我所主张的是一种“广域事业部制”，它近似于企业让各区域市场独立计算盈亏，它要让每个道州都像一个国家一样，能以世界为对象直接交易。

要构筑一个让人流、物流、资金流和信息流都不再经由首都，而是直接自由出入的政治和经济单位。

全球以1985年为界线，进入了新经济的时代。经济开始无国界化，同时民族国家的框架也开始薄弱起来。取代国家而浮出水面的经济发展单位，就是拥有独特性的区域，也就是区域国家。

我所主张的就是一种区域国家的制度，也是最适用于构筑日本新繁荣的国家体系。

美国的例证

美国经济之所以能从30年前的谷底复苏，也和该国的

① 1871年明治政府推出的新政，该措施废除了传统诸侯的封建制度，建立了地方政府。——译者注

管理机制合乎新时代有关。美国在1776年发表《独立宣言》，1783年取得独立，是一个各州自治的联邦制国家。

幸运的是，这样的机制十分符合现在的无国界经济时代、区域国家的时代。正如“美利坚合众国”这个名字一样，各州制定自己的政策，为求繁荣而绞尽脑汁。即使华盛顿什么都不做，加州还是创建了硅谷；北卡罗来纳州开发了“三角科技园”；波士顿因为沿着128号公路分布的高科技中心而复苏；佛罗里达州则修建了迪士尼乐园，每年有4 000万名观光客造访。

美国各机场要让飞机飞往全球哪个机场，也是由当地自行决定的。例如奥兰多机场的班机要飞往哪里，就由奥兰多市决定。因此你来到奥兰多，它不是直飞伦敦的希思罗机场，而是直飞盖威克机场。它也有来自中南美洲的直飞班机，费尽心思要吸引全球观光客来到迪士尼乐园。

但是在日本则要事事听从中央的指示。

像美国这种国家的经营方式，和网络社会很相符。所谓的网络，就是构成它的各个要素都能自立，但又彼此相连，它们一方面相互竞争，一方面交换信息与资源。即使某一要素出问题了，其他要素仍能继续发展。50个州，等于在面对危机时有

50 种解决方案，只要从中选出正确的即可。在美国，为及早求出正解，各州间会有激烈竞争，但正因为如此，美国才能数次度过各种危机。

我再强调一次，要钱的话，全球到处都是，这种不用国民出钱，就把繁荣从世界各地吸引过来的能力，正是 21 世纪的政治家必须具备的重要资质之一。

经济繁荣的最少人口数

那么，最适合日本的“道州制”（地方制）到底是什么呢？若观察现在全球最繁荣的北欧或爱尔兰、美国以及亚洲等地的经济活动，在无国界的经济中，繁荣的最合适人口数是最低 300 万、最高 2 000 万。

300 万 ~2 000 万的人口，已经足以符合国家的规模了。国家只要管理国防、货币等国家统治所需的最低限度的事情就够了，其他事交给道州即可。立法也一样，除了非得全国统一的必要事项，基本上都由各道州来做就可以了。

假设以 1 000 万人口为单位，我想，把日本分为 10~12 个道州是很合适的。关于道州的区域划分方式，各界有不同见解，但为使道州发挥区域国家的机能，就必须让各道州在历史、文化上有区域性的整体感。日本已经有北海道、九州岛、东北地方、关东地方等区域划分了，只要以此为基础，再根据人口分布、商圈的特质以及未来发展性等因素划分就行了。

这样的话，怎么想都会划成我一直以来所提议的那 11 个“道”：北海道、东北道、关东道、首都圈道、北陆道、中部道、关西道、中国道、四国道、九州道和冲绳道（见图 6–8）。顺便提一下，之所以用“道”来作为划分的单位，是因为日本自古以来就把一整块的大地域叫作“道”。

首都圈道包括东京、埼玉、神奈川、千叶等地区，是人口 3 300 万人以上的大规模区域。我认为应视之为具有首都机能的“特别区”。

而冲绳道虽然只有 130 万的人口，规模对于划分为“道”是小了点，但自古以来，当地就有自己的历史与文化，今后也很可能以中国海经济圈为中心繁荣起来，因此我仍想提议将它划分为独立区域。

这 11 个道，要想办法竞相成为繁荣区域。

例如，北海道现在每年有 4 800 万名观光客造访，未来也很可能发展为亚洲重要的度假胜地。现在到了冬天，越来越多的团体观光客从中国香港、上海及澳大利亚蜂拥来北海道度

（2005 年 GDP 估计值，单位：10 亿美元）

1	美国	12 452	26	沙特阿拉伯	314
2	德国	2 800	27	奥地利	307
3	英国	2 197	28	挪威	295
4	法国	2 113	29	波兰	286
5	中国	1 910	30	印度尼西亚	270
6	意大利	1 719	31	中国道	268
7	首都圈道	1 428	32	丹麦	252
8	西班牙	1 124	33	东北道	237
9	加拿大	1 106	34	南非	234
10	韩国	800	35	希腊	220
11	巴西	789	36	伊朗	203
12	俄罗斯	772	37	北陆道	202
13	墨西哥	758	38	爱尔兰	200
14	关西道	749	39	芬兰	191
15	印度	746	40	北海道	186
16	澳大利亚	684	41	阿根廷	177
17	中部道	680	42	葡萄牙	174
18	荷兰	623			
19	九州道	410	47	委内瑞拉	131
20	比利时	365	48	四国道	127
21	瑞士	365	49	以色列	124
22	瑞典	354			
23	土耳其	353	74	卢森堡	34
24	关东道	352	75	冲绳道	33
25	中国台湾	351	76	厄瓜多尔	32

首都圈道：埼玉、千叶、东京、神奈川

关西道：滋贺、京都、大阪、兵库、奈良、和歌山

中部道：长野、岐阜、静冈、爱知、三重

九州道：冲绳之外的九州地区

关东道：福岛、茨城、枥木、群马、山梨

东北道：除福岛外的东北地区

北陆道：新潟、富山、石川、福井

注：各国家和地区 GDP 依国际货币基金组织的估计，道州地域的 GDP 则依 BBT 总部研究所的估计。

图 6–8　日本道州区域的经济规模

资料来源：《世界经济展望》（国际货币基金组织）、国民经济计算（日本内阁府）

假。对一些中国的富裕阶层来说，北海道是很有魅力的度假胜地。

中国、新加坡、泰国和马来西亚，甚至澳大利亚，都有观光客前往北海道。为此，北海道只要推出自己的政策，比如投资全球大型航空公司，在道内各社群和亚洲各都市间搭建起直飞航班就行了。

此外，夏天只要把时针拨快两小时，在札幌成立全球最早开市的金融市场，日本就可能成为不输给新加坡的金融中心。金融机构必须为此做些什么，不必听日本财务省的，只要由北海道财务省决定即可。再补充一点，札幌获得行政机能后，可能会成为集多种功能于一地的“小东京”，所以应该把道议会、道厅等单位移到札幌以外的地方。

11 个经济圈——不独立，走出去

在 11 个道中，也有不禁让人担心是否能发展为经济圈的区域，例如四国道，它的人口只有 400 万人左右，也给人经济实力不太好的印象。不过，它那约 15 万亿日元的经济规模和委内瑞拉或以色列差不多，所以要在全球当个区域国家已经足够。它应该抱持的想法是，不要向中央伸手要求财富的分配，只要能自己设法创造财富，人口虽然不多，还是可以让所有民众过上富足生活的。

丹麦在欧洲算比较小的国家，却能在利基产业中诞生许多全球一流的企业——从乳制品等食品领域，到风力发电机、助听器、货柜运输等。

四国道可以参考丹麦的做法开拓利基领域，例如以南方的高知湾为中心，深化与太平洋对岸的美国、澳大利亚或亚洲各国的交流，应该就能大大提升发展的可能性。

北陆道（新潟、富山、石川、福井）也一样，只要立足于面对日本海的广阔带状区域，构思与俄罗斯、中国、朝鲜半岛的沿岸都市发展经济圈就行了。美国的加州就有一条与海岸线平行的高速公路，成为构筑太平洋经济的一大动脉。北陆道只要能像加州的海岸高速公路一样搞好交通体系，发展的可能性还是很大的。

由于新潟目前已进入关东甲信越的经济圈，所以新潟人会说别把他们和北陆放在一起，而北陆人也会说不想和新潟放在一起。但为了将来的发展与繁荣，应该不要受限于目前国内的商业结构，而要从更广大的区块经济圈的角度来思考。

各道州之下要废止所有的府县，把现有的 2 100 个市町村重编一次，在全国设立1 000个左右的社群（市）。社群负有确立生活基础架构的责任，规模为5万~20万人。在国家把许多权限转移给“道”的时候，“道”也要把许多权限转移给社群，这么一来，就可以很有效率地提供更符合社群实际需求的服务了。

此时，我认为社群没必要设置议会。目前日本常有居民直接选举出来的都道府县知事与有政党或利益团体支持的议会、议员对立的情形。议员是代表利益团体讲话的，对政策所负的责任很少。存在这样的议会、议员，正是改革失败的原因。所以新成立的社群不需要夸张的议会与全职议员，即使要设议会，也要像瑞士那样，由一般市民兼任就够了。

只要像这样划分成道与社群两个层次，应该就能大幅削减行政成本，同时让效率大幅提升。

每个人都成为改革者

美国和中国为何强大起来

美国经济之所以复苏，除了州联邦的国家结构符合目前的潮流，还有另一个理由，就是该国维持着积极的移民政策。美国的本国产业在 20 年前曾因衰退致使失业率达到近 10%，但即便每年都接受 100 万人的移民，现在也和日本差不多，失业率维持在 4%~5% 的程度。这代表美国创造就业机会的能力很强。

20 世纪 80 年代，美国曾因日本进口货使得本土制造业无法发展而兴起强烈的反日情绪，甚至有人拿榔头砸坏日本产品。我也曾在美国的餐厅遭遇过“这里没有位子给日本人坐”的恶劣对待。然而，“里根革命”实施的法规松绑与市场开放彻底改变了美国，并在 20 世纪 90 年代后为美国带来繁荣。

美国是全球最懂得借别人的力量发展本国经济的国家，它从全球集合了人才、物资与资金，让自己的国家繁荣。在体育领域，世界各国的明星选手都会集合到 NBA（美国职业篮球联赛）或 MLB（美国职业棒球大联盟）。电影领域也是如此，各国的知名演员最后都会以进军好莱坞为目标来到美国。只要能在美国获得肯定，就赢得了全世界。美国这个国家在各种领域都秉持和举办奥运比赛一样的精神。

中国也一样，为了发展经济，它在沿海地带设立了 6 个区域，都采取了吸引外资并借助其力量的政策。在无国界经济的时代，这种“借力使力”的策略，正是一条迈向繁荣的道路。

我除了每年在日本出版几本书，也将作品改写为英文后在美国出版。只要书在美国出版，就会被翻译成十多种语言出版，所以我的无国界理论或区域国家论等可以让全球都知道。即便我的演讲费用一小时要价 5 万美元，全球的邀请还是源源不断。即使在墨西哥或土耳其，也有 3 000 人来听我演讲。每次我因公出差到美国时，《财富》《纽约时报》《华尔街日报》《新闻周刊》等刊物都会采访我。这样的事情，可以算是拿到“金牌”了吧！当然，要想在美国出书，门槛也很高。现在在日本，有能耐在美国出书的，也只有村上春树而已吧！

无论在经济学还是在信息科学领域，全球的优秀人才都会前往美国的大学学习。在管理学领域中，除我之外的演讲者，大多是美国人，不过他们也有波兰裔、意大利裔或匈牙利裔的犹太人等。同为美国人，却有很多不同的类型。吸引这样的一群人相互切磋，是美国的过人之处。

我从 25 岁起在美国这个竞争社会中待了 37 年，实在很想把那里的严酷现实告诉现在的年轻人。我之所以不只在日本出书，也在全球出书、巡回演讲，是因为我认为只有把自己放逐到批判的旋涡中，以“不能输”的精神奋战，才能持续磨炼自己。一个国家若没有几十人甚至几百人承受得住这样的磨炼，实在很难赢得世界的尊重。

市场开放正是全球最大的课题

要想摆脱长期衰退的结构，唯有开放市场与社会，集合全球的人才、物资与资金才能做到。每年从全球流入日本的资金只有约 9 000 亿日元（2004 年联合国贸易和发展会议资料），高峰时期则为 3 万亿日元，但大多是像 Ripplewood 投资集团等秃鹰基金之流而已，很难说这类资金是直接投资。相较之下，中国每年却有 7.3 万亿日元（2004 年联合国贸易和发展会议资料）的资金从海外流入。

如果资金不进来、企业不过来、人才不前来，能让产业成长的条件就等于零，这样根本无法遏止经济的长期衰退。

少子老龄化的趋势已经势不可当。日本人年龄的中位数在 2025 年会超过 50 岁。儿童人口不可能急速增加，因此只能通过海外移民来增加年轻人的数量。

问题在于，日本还没有像样的机制来接受移民。我以前提议过，应该请毕业于各国出色学校的人前来，让他们接受为期两年的免费公民化教育。这种教育不光有日文，还包括生活规则或礼仪，能以优秀成绩毕业的人，就发放绿卡。通过这样的形式，就可以有组织地吸纳高水平移民。

当然，公民化教育必须是免费的。因为少子化现象，学校的校舍与老师都过剩，所以这件事马上可以做到。应该要明白的是，如果每年不能以百万人的规模策划这种活动，会来不及解决日本人才不足的问题。就算政府的财政问题最后总算解决了，还是会缺少负担老龄者社会福利的人。

日本如果还像现在这样，毫无章法地处理外籍人口问题，就会像东京都知事石原慎太郎所说的，来日本的都是一些在风月场所厮混的低素质外国人。这会导致一般民众对移民产生偏见与反对，让已经来到日本的外国人也开始讨厌这个国家，变得想要离开这里。以长远眼光来看，这会为国家带来负面效应。

把地方当成“繁荣的单位”来思考

我所主张的道州制（地方制）是一种各地方竞相从全球抢人才、物资和资金的地方制。地方是“繁荣的单位”。

国会议员对地方制的探讨，只强调成本削减的部分，也就是向后看的地方制。地方制议员联盟虽然已成立，但他们谈论的话题也只是想削减成本而已，说什么“中央机关的地方单位若与地方政府单位合并，可为全国省下 3 000 亿日元”。这让人感觉到他们有想收取外形标准课税[1]的私心。总之，那是没有梦想的地方论。

同样在日本，只要各地方间的税收有高低之别、生活有难易之分，人们就会搬到更为富足、居住更舒适的地方去。其结果是，各地方为成为更好的区域国家开始相互竞争，使日本整体能够繁荣。这才是我所提倡的地方制。

例如，北海道若以成为金融中心以及亚洲的度假胜地为目标，那么以现在九州岛的地理条件来看，它可以与中国东部或韩国组成一个经济圈，以亚洲枢纽都市的身份繁荣起来。

这样的话，就知道目前以县为单位设置的机场有多么落后了。九州岛的经济规模与韩国差不多，应该需要一个不输给仁川机场或釜山机场的枢纽。然而，一看到佐贺机场和北九州机场等偌大的建设项目，就会让人觉得这些建设只关心和东京间的通行，却没有想到要和同在九州岛内的黄海经济圈交流。至于响滩湾，面对近在咫尺的釜山，也完全看不出来做过任何考察来和这样的强劲对手竞争。

只要把地方当成繁荣的单位，绞尽脑汁让各地方像中国或

① 指不依据所得征税，而依据企业的营业收入、员工数、人事成本等外观上或客观上能掌握的数量或金额来征税的一种制度。——译者注

美国那样，集合全球的人才、物资和资金就行了。各地方在国内的相互竞争，可以为国家开启一条通往繁荣的道路。

当然，目前的政府并无这样的愿景。国民如果沉默，就只能听从“吵闹的小众”，也就是少数利益团体所说的，任由执政者维持中央集权的封闭社会结构，继续长期衰退下去了。接下来的时代所要求的，并非目前那种一切听由他人的做法，而是要各位以国民的身份发言并采取行动。

中低阶层的人们别再当感叹“收入减少、升职无望、负担却一直增加”的牺牲品了，而应该有所觉醒，认识到“自己是个改革者”。

终章 除旧布新，迈向繁荣

历史将会证明，只要新事物诞生了，旧事物就会被自然淘汰，改革就可以轻松地被推动了。只要了解到新事物所带来的好处，大家的抵抗就会越来越少。

光是除旧，不足以布新

读完本书后，毫无疑问，各位会对媒体轻率地报道“小泉改革已进入了收尾阶段”感到愤怒。日本在20世纪建造起来的耀眼金字塔，是“即使没有资源，即使远离全球市场，只要有优秀人才，仍能成为全球第二大经济强国”。

但到21世纪，应该如何维持这一成就呢？只要想到这件事，就知道目前日本的改革根本连门都还没摸到。

此外，在我看来，这“失去的10年”是一个对国民毫不关心、蒙骗他们的时代。任国家陷入泡沫经济与金融危机，却没有对此采取根本性的措施，只简单地以税金或公债作为经济对策，去拯救让存款人没有利息的、应该倒掉的银行，而企业则摆出了裁员的姿态。一切对策都集合了“向内、向下、向后”这三要素。

还好，幸运的是，随着中国经济的突飞猛进，日本传统产业跟着复苏了。200万亿日元（公共资金加利息减免）的投注以及毫无止境的合并，也让大银行复苏了。银行复苏固然让人高兴，但这对存款人或对国民来说，到底有什么好处呢？没人知道。不过，这却显示出了为政者的施政方向。

在这样的情境中，小泉改革达到了让人耳目一新的效果。至少他做到了自己长年以来主张的事，其附加效果是宿敌桥本派的势力整体被消减，各派系领导人也没有威胁性了。

然而，这才是问题之所在。一连串的“改革”，充其量只是把老问题不好的部分、弄错的部分去除了而已，并不保证此后就会有国际竞争力，国民生活就会变好。况且，这些“改革”也没有让国民觉得自己真的在享受人生、自己出生在这里真好。这也是为什么我会在本书开头说，小泉改革只不过是“头痛医头，脚痛医脚”。

再强调一次，我并不是在批判小泉先生。这条路非得有人来走不可。摧毁旧事物，是催生新事物的必要仪式。

然而，历史将会证明，只要新事物诞生了，旧事物就会自然被淘汰，改革就可以轻松地被推动了。只要了解到新事物所带来的好处，大家的抵抗就会越来越少。

“突出的个人”是国家繁荣的关键

日本的问题有两个。第一个问题是不管明治维新还是战后复兴，都太过成功了，使得大多数国民或政治家都没有明确认识到国家机制与统治机构还存在一些尚待解决的根本性问题。

21 世纪的经济若缺少能将财富从全球吸引到地方的机制，就繁荣不起来。若想靠资源或税收维持繁荣，就会陷入自我矛盾（想繁荣的话，唯有加重负担）。若想彻底解决这个问题，就必须采取最基本的改革，也就是本书提到的应对老龄社会的税制改革，以及从全球引来财富的道州制。

第二个问题在于人才。19 世纪后半期，日本追上了西欧，也超越了西欧。不过一部分精英则是在留学地或在图书馆学到一些东西，然后一个劲儿地照着模仿、实行，而成为“东洋的精英”。日本成功的关键在于有这么一群精英，其他人只要默默跟着做就行了。但这也是日本陷入第二次世界大战泥淖的原因。

战后，日本一面念着“同样的过错不能再犯”的咒文，一面通过加工贸易成为世界工厂。大量生产第一、质量第一，让日本在全球市场中卖出大量产品。之后，日本又在全球主要市场开设工厂，其成功的关键在于勤奋、努力工作和高质量的劳动力。国家让这些人拥有中产阶级的意识，让正在斜坡上的他们相信，只要好好工作，国家不久就会成为高福利社会。

接下来的社会所急需的人才，并非这两者中的任何一种，既不是要努力追赶别人型的，也不是要人人都优秀、勤勉工作型的。虽然这两种人才并非不需要了，但要使此后的国家维持在全球顶尖水平，所需要的人才是无论到世界的哪个角落，都能活跃起来的北欧型人才。他们无论前往哪里、和谁一起工作，都能发挥领导力，想出别人所想不到的点子。外语能力是基础，此外构思能力也要出色，要对各国文化有深入了解，而且要能通过“逻辑”这个全球共通的武器推进工作。

21 世纪最大的特征是，主导权由国家移向个人。比尔·盖茨就不用提了，迈克尔·戴尔与谢尔盖·布林、拉里·佩奇

（谷歌），印度的纳拉亚纳·穆尔蒂（印孚瑟斯科技公司）或拉玛拉祖（Rama Raju，萨蒂扬计算机服务公司）等人，都改变了国家的（或至少是区域的）经济形态。在中国，只要到沈阳或大连去，有许多东软集团董事长刘积仁盖的产业园区，这和日本政府一个劲儿打造却放着养蚊子的产业园区相比，实在是鲜明的对比。

没错，21 世纪是地方从国家取得主导权、企业从地方取得主导权、个人从企业取得主导权的时代。反过来说，只要有表现突出的个人，企业无论走到世界哪个角落都能成功。只要有企业前往，该区域就会繁荣起来。最后，只要能拥有几个繁荣的区域，国家也会繁荣。

国家最大的责任，也是最后的责任，在于尽可能多地培养这种能担大任、有个性的突出人才。迄今为止，那种适于从事大量生产工作的人才再多，也无法在世界维持领导力和经济实力。这种产业本身，已经移往“金砖四国”或其他发展中国家去了。之后的领导人若无法对这一现象有深刻的认识，日本的再次腾飞将会变得更慢，甚至再也爬不起来。我在全球旅行，深刻体会到现在正是极其重要的时刻。

扭转“出生即负债”的方法

第二次世界大战后复兴之时，大家都是一个劲儿地工作，政府则是一个劲儿地建造社会的基础架构。最近虽然已无这样的需要，政府却还是建个不停。泡沫破灭后，各种没必要盖的公共设施在全国各地呈现出凄凉的样子。一个劲儿地工作着的我们，“对晚年生活感到不安”。越是年轻的人，这样的不安就越深切。也就是说，虽然这样的模式已经出问题了，但政府在处理这些问题时，仍然一个劲儿地利用国民的勤劳、财产以及将来的本票（公债）。

接着，日本终于进入了“婴儿一出生，就要负担祖先遗留下来的负债”的时代。即便如此，为政者还是恶习不改，继续饮酒作乐。政治家现在可能连染色体都已经变成“目光短浅、眼中只有下次选举”了。甚至对此做出报道的媒体，也只对未来的选举以及在任者会把“改革的金冠”戴在谁的头上感兴趣。

针对“王位的继承”（下一任执政者的任命），有些话我们不能不说。至少，这个新执政者不能像现任一样，只是“摧毁旧时代的恶习”而已，而应该为了催生新事物，踏出大胆的第一步。只懂得破坏是无法产生新事物的，因为国民的储蓄已经所剩无几了。

配合本书主旨，我列出四点请日本下任执政者务必做到的重要事项：

- 彻底变更统治机制（导入地方制，把地方作为繁荣的单位）。
- 采用合乎地方制与老龄社会的简单化税制（地方——增值税，社群——资产税）。
- 培养出到世界任何地方都能活跃的人才（教育的根本改革）。
- 从生活者的立场考量行政单位设置（国民生活省等单位的设置）。

这四点，特别是前三点，是本书的主旨。

笔者写书之时，日本媒体正忙着评论政府税制调查以及小泉内阁的“最后收尾”。我认为，国民之所以用冷淡的眼光看待此事，是因为不管媒体怎么评论，自己的生活还是看不出有变好的迹象。看着新闻中一派繁荣的全球景象，任谁都知道日本人现在意志消沉。

日本已经到了国民应该强烈抗议政治章程的时候了。目前，只要政府一陷入绝境，就会奇迹般地往好的方向发展。失焦的政治戏剧已进入了“大团圆”（最后收尾）的阶段了。这场戏虽然比以前演得有趣，讲的却还是对我们全无好处的事。同时，巷子里的中低阶层人数已经达到国民总数的八成，国民的愤怒已经渐渐涌了上来。正因为如此，我更衷心期盼，此刻将会成为历史性的转折点，这是我最后想作为总结的一句话。